BEI GRIN MACHT SICH IHR WISSEN BEZAHLT

- Wir veröffentlichen Ihre Hausarbeit, Bachelor- und Masterarbeit

- Ihr eigenes eBook und Buch - weltweit in allen wichtigen Shops

- Verdienen Sie an jedem Verkauf

Jetzt bei www.GRIN.com hochladen und kostenlos publizieren

Bibliografische Information der Deutschen Nationalbibliothek:

Die Deutsche Bibliothek verzeichnet diese Publikation in der Deutschen National-
bibliografie; detaillierte bibliografische Daten sind im Internet über http://dnb.d-
nb.de/ abrufbar.

Impressum:

Copyright © 2017 GRIN Verlag, Open Publishing GmbH
Druck und Bindung: Books on Demand GmbH, Norderstedt Germany
ISBN: 9783668462823

Dieses Buch bei GRIN:

http://www.grin.com/de/e-book/367545/minsum-und-minmax-optimierung-fuer-
zwei-standorte-darstellung-erweiterung

Thomas Plehn

MinSum- und MinMax-Optimierung für zwei Standorte. Darstellung, Erweiterung und Realisierung der Algorithmen von Z. Drezner als interaktive Java-Applikation

GRIN Verlag

GRIN - Your knowledge has value

Der GRIN Verlag publiziert seit 1998 wissenschaftliche Arbeiten von Studenten, Hochschullehrern und anderen Akademikern als eBook und gedrucktes Buch. Die Verlagswebsite www.grin.com ist die ideale Plattform zur Veröffentlichung von Hausarbeiten, Abschlussarbeiten, wissenschaftlichen Aufsätzen, Dissertationen und Fachbüchern.

Besuchen Sie uns im Internet:

http://www.grin.com/

http://www.facebook.com/grincom

http://www.twitter.com/grin_com

MinSum- und MinMax-Optimierung für zwei Standorte

Darstellung, Erweiterung und Realisierung der Algorithmen von Z. Drezner als interaktive Java-Applikation

Masterarbeit

Am Institut für kooperative Systeme

vorgelegt von	Thomas Plehn
Studiengang	Master Praktische Informatik

Datum	01.12.2016

Inhaltsverzeichnis

Algorithmenverzeichnis

Abbildungsverzeichnis

1 Motivation

Die Software „PanelGrouping", welche sich mit der Bohrung von Leiterplatten beschäftigt, wirft folgendes Problem auf: Auf mehreren Lagen, aus denen eine Leiterplatte besteht, befinden sich Kupferkreise. Die Kupferkreise sind idealerweise untereinander, so dass durch eine einzige Bohrung ein ganzer Stapel von Kupferkreisen durchkontaktiert werden kann. Die Kupferkreise fungieren später als Lötaugen, wenn sie durchbohrt sind.

Um Zeit zu sparen, bohrt man oft einen ganzen Stapel gleichartiger Platten zusammen, indem man sie aufeinanderlegt und als Ganzes durchbohrt. Dies ist auch kein Problem, denn die Kupferkreise haben die gleiche Nominalposition. Leider haben aber die Kupferpads der einzelnen Platten infinitesimale Verrückungen, so dass sie beim Bohren nicht genau getroffen werden. Gesucht ist nun eine ebenfalls infinitesimale Verrückung der Bohrposition, so dass alle Kupferkreise möglichst mittig durchbohrt werden.

Die Summe der Center-Abweichungen (Bohrkoordinate zu den Pad-Koordinaten - jeweils die Mittelpunkte) soll minimal werden. Dies beschreibt sich zunächst als „Onecenter-Problem". Nun will man aber bei der Verarbeitung einer Menge von Leiterplatten mit möglichst wenigen Bohrvorgängen auskommen. (D.h. für einen zu durchbohrenden Stapel Leiterplatten ist das Bohrzentrum gleich). Daher ordnet man eine Menge Leiterplatten zu möglichst wenigen Leiterplatten-Stapeln zu, die man als Ganzes durchbohren will. Dies induziert eine Partitionierung der Leiterplattenmenge und deren Zuordnung zu verschiedenen Bohrzentren. Dies ist sogar ein „Multicenter-Problem".

Zum Abschluss hat eine solche Leiterplatte natürlich an vielen Nominalpositionen Stapel mit Lötaugen auf den verschiedenen Lagen. Dies führt zunächst zu n Instanzen des Problems.

Hier soll ein vereinfachtes Problem diskutiert werden, bei dem jedes Board nur eine Lage mit Lötaugen hat (keine mehrlagigen Aufbauten). Außerdem werden auch nur zwei Stapel aus der Menge der Leiterplatten gebildet. Es handelt sich um nur eine Instanz des Problems.

1.1 Darstellung der Lösung als affine Abbildung

Sei o_{ij} die Verrückung des Bohrzentrums des i-ten Bohrstapels an der Stelle j. Nun gibt es affine Abbildungen

$$o_{ij} = \left[\begin{pmatrix} \cos(\phi_i) & \sin(\phi_i) \\ -\sin(\phi_i) & \cos(\phi_i) \end{pmatrix} \begin{pmatrix} \alpha_i & 0 \\ 0 & \beta_i \end{pmatrix} - \begin{pmatrix} 1 & 0 \\ 0 & 1 \end{pmatrix} \right] x_j + \begin{pmatrix} d_i \\ s_i \end{pmatrix}$$

Die Verrückungen o_{ij} ergeben sich aus den Lösungen der Mehrzentren-Probleme. Die Nominalpositionen (eigentliche Sollpositionen der Bohrlöcher) x_j sind vorgegeben und für jeden Plattenstapel gleich. Auf dem Plattenstapel i wird nun an der Nominalposition j genau bei $o_{ij} + x_j$ eine Bohrung gesetzt.

2 Aufgabenstellung

Aufgabe ist die Lösung des sog. „Twocenter-Problems", welches exakt durch den sog. „MinSum-Algorithmus" bzw. „MinMax-Algorithmus" für die MinMax-Probleme lösbar ist. Das Twocenter-Problem lässt sich auf viele konkrete Sachverhalte anwenden. Speziell auch auf die eingangs aufgeworfene Fragestellung bei der Durchbohrung von Leiterplatten. Allerdings sind einige praktische Formulierungen des Twocenter-Problems griffiger. Diese sollen im Anschluss als „Informelle Problemstellung" erörtert werden. Danach werde ich zu einer exakten mathematischen Fassung dieser Problemstellung kommen.

Der von [Drezner(1984a)] vorgeschlagene MinSum-Algorithmus soll vorgestellt, hergeleitet und bewiesen werden. Alle notwendigen mathematischen Hilfsmittel sollen ausgebreitet werden.

Ebenfalls soll diese Erörterung für den von [Drezner(1984a)] ebenfalls vorgeschlagenen MinMax-Algorithmus erfolgen.

Außerdem soll es eine Implementierung als Java-Applikation mit grafischer Benutzeroberfläche geben. Punkte sollen anklickbar, löschbar und verschiebbar sein, sowie das Ergebnis automatisch aktualisiert werden. Einige Ein- und Ausgaben der Implementierung werden am Ende der Erörterung beispielhaft gegeben.

3 Anwendungsbeispiele zu Zwei-Zentren-Problemen

Im Folgenden werden griffigere Beispiele für das oben beschriebene Problem gegeben.

3.1 Supermarkt-Zentrallager

Mehrere Supermärkte werden von einem Zentrallager mit Standort C versorgt, indem Lieferungen erfolgen. Natürlich möchte man in Summe die Transportkosten $\sum_{i \in I} w_i d_i(C)$ möglichst gering halten, wobei I die Indexmenge der Supermärkte, w_i und d_i das Transportgewicht bzw. die Länge der Transportstrecke von C zum i-ten Supermarkt sind. Die Optimierungsaufgabe ist, den Standort C zu finden, so dass $\sum_{i \in I} w_i d_i(C)$ minimiert wird. Natürlich kann es in diesem

Modell auch zwei oder mehr Zentrallager geben, dann gilt für die Gesamt-Transportkosten

$$\min_{U,V} \{\min_{C_1}\{\sum_{i\in U} w_i d_i(C_1)\} + \min_{C_2}\{\sum_{j\in V} w_j d_j(C_2)\}\}$$

Wobei U,V eine geeignete Zuordnung der Supermärkte zu den beiden Zentrallagern ist. Hier soll diese Zielfunktion letztendlich in der Partitionierung U,V minimiert werden.

3.2 Postkästen-Postamt

Analog zum Supermarkt-Modell können natürlich auch Postkästen von mehreren Postämtern geleert werden. Auch hier gibt es eine geeignete Zuordnung der Briefkästen zu den Postämtern (Zuständigkeitsbereich) und eine Gewichtung der Transportstrecken mit den Postmengen. Auch dies entspricht also wieder den Gesamt-Transportkosten

$$\min_{U,V} \{\min_{C_1}\{\sum_{i\in U} w_i d_i(C_1)\} + \min_{C_2}\{\sum_{j\in V} w_j d_j(C_2)\}\}$$

Mit den Buchstaben analog zu oben.

3.3 MinMax-kritische Probleme

In einigen Fällen ist die maximale Entfernung eines beliebigen Punktes vom Zentrum derart kritisch, dass stattdessen ein MinMax-Problem betrachtet werden muss. Beispiel ist ein Rettungshubschrauber, der jeden Punkt im Zielgebiet in höchstens x Minuten erreichen soll. Die maximal tolerable Zeit zum Erreichen des Zielpunktes soll minimal werden. Die Summen werden nun also durch die Maximums-Bildung ersetzt und der Plus-Operator durch das Maximum beider Operanden.

Die Zielfunktion wäre also:

$$\min_{U,V} \{\max\{\min_{C_1}\{\max_{i\in U}\{w_i d_i(C_1)\}\}, \min_{C_2}\{\max_{j\in V}\{w_j d_j(C_2)\}\}\}\}$$

3.4 Drohnenflug

Im Folgenden betrachten wir das Problem in der euklidischen Ebene. Die Transportstrecken von Zentrallagern zu Supermärkten bzw. Postämtern zu Postkästen werden im Folgenden als euklidische Distanz, also als Luftlinie betrachtet. Daher ist $d_i(C) = d(X_i,C) = ||X_i - C||_2$ die Distanz d_i von Ort X_i zum Zentrum C, welches sich einfach durch die euklidische Distanz

7

berechnet. Daher wäre es hier eine bessere Modellierung davon auszugehen, dass z.b. die Postkästen von fliegenden Drohnen geleert würden, die zu ihrem zugeordneten Postamt zurückkehren. Leider ist dies heute nicht besonders realistisch.

3.5 Problemstellung

Sicherlich ist es klar, dass beim MinSum-Problem, bei gegebenen Zentren (1,2 oder n Zentren), die optimale Zuordnung der Orte zu den Zentren leicht zu ermitteln ist. Die Frage stellt sich hier also nach den Zentren und deren optimaler Position. Dies entspricht tatsächlich einer gleichwertigen Umformung der Zielfunktion:

$$\min_{C_1,C_2} f(C_1,C_2) := \min_{C_1,C_2} \{\min_{U,V}\{\sum_{i\in U} w_i d_i(C_1) + \sum_{j\in V} w_j d_j(C_2)\}\}$$

Wobei U,V von C_1,C_2 abhängen. Dies macht sich die Firma STV Electronic zu Nutze.

Wir wollen hier im Folgenden nur zwei solche Zentren betrachten. Da jedes Zentrum aus zwei Koordinaten besteht, wären dann vier reelle Zahlen gesucht. Natürlich könnte man Zentren im Sinne einer direkten Suche in einem immer feiner werdenden Gitter wählen. Aber selbst bei einem 10x10 Gitter gäbe es für die vier Koordinaten insgesamt 10x10x10x10 Kombinationen. Kommt noch hinzu, dass die bloße Ermittlung der Zielfunktion, wenn geeignet definiert, sehr teuer ist.[1]

Dies wäre also keine gute Idee, wegen viel zu langer Rechenzeit. Gesucht ist also vielmehr ein exaktes Verfahren, welches ohne dieses Brute-Force auskommt. Optimal wäre die Zurückführung auf möglichst wenige Ein-Zentren-Probleme. Möglichst wenig bedeutet, dass man viele solche Probleme mit einer geeigneten Heuristik vorher ausschließen kann, ohne sie erst teuer zu berechnen.

Für die Ein-Zentren-Probleme wählen wir geeignete zweidimensionale Optimierungsverfahren. Diese arbeiten z.b. nach dem Gradientenabstieg und starten in dem Schwerpunkt der Punktmenge (arithmetisches Mittel der Punkte). Dies sollte mit wenigen Funktionsauswertungen auskommen.

---

[1]Geeignete globale Optimierungsverfahren können jedoch den Vektor aus insgesamt vier Koordinaten in einem geeigneten Suchbereich finden. So hat z.B. Andreas Kommer ([Kommer(2008)]) in seinem Buch das Verfahren „Differential Evolution" an einem Mehrzentren-Problem erprobt. Die oben beschriebene Zielfunktion erhält als Eingabe nur C_1,C_2 und gibt als Rückgabewert nur die Summe der gewichteten Distanzen zurück. Die Mengen U,V werden aus der Information C_1,C_2 gebildet.

4 Formale Definitionen zu MinSum- und MinMax-Problemen

Nachdem versucht wurde, ein intuitives Verständnis der Thematik zu ermöglichen, erfolgt nun eine exakte mathematische Fassung der Thematik.

Zunächst einige Notationen: Die Distanz d_i von Ort X_i zum Zentrum C berechnet sich durch die euklidische Distanz. Die Distanz kann als Funktion d_i im Zentrum C aufgefasst werden.

$$d_i(C) = d(X_i, C) = ||X_i - C||_2 \qquad (1)$$

Die Funktion $f_i(C)$ ist die mit dem Gewicht w_i gewichtete Distanzfunktion.

$$f_i(C) = w_i d_i(C) \qquad (2)$$

Das Ein-Zentrums-Problem wird dann für die MinSum-Betrachtung beschrieben als Minimum der Zielfunktion $p_1(C)$ in dem Lieferanten-Zentrum C.

$$\min_C \{ p_1(C) := \sum_{i=1}^{n} f_i(C) \} \qquad (3)$$

Bzw. für die MinMax-Betrachtung wird das Ein-Zentrums-Problem beschrieben als Minimum der Zielfunktion $p_2(C)$ in dem Lieferanten-Zentrum C.

$$\min_C \{ p_2(C) := \max_i \{ f_i(C) \} \} \qquad (4)$$

Nun führen wir Index-Mengen I wie folgt in die Betrachtung ein: Die Funktion $P_1(I, C)$ hängt nun also nicht mehr nur vom Lieferanten-Zentrum, sondern auch von der Indexmenge I ab. Der Index I beschreibt die Indizes der zum Zentrum C zugehörigen Orte.

$$P_1(I, C) := \sum_{i \in I} f_i(C) \qquad (5)$$

bzw. für das MinMax-Problem:

$$P_2(I, C) := \max_{i \in I} \{ f_i(C) \} \qquad (6)$$

Mit dieser Notation ausgerüstet kann man nun das eigentliche Zwei-Zentren-Problem definieren durch: Dieses wird minimiert in der Partitionierung $N_1, N_2 \in \alpha$, wobei α die Grundmenge aller Indizes der zu bedienenden Orte ist.

$$\min_{\{N_1,N_2\}\in\alpha}\left\{\min_{C_1}\{P_1(N_1,C_1)\}+\min_{C_2}\{P_1(N_2,C_2)\}\right\} \tag{7}$$

Bzw. für das MinMax-Problem kann man es definieren durch:

$$\min_{\{N_1,N_2\}\in\alpha}\left\{\max\{\min_{C_1}\{P_2(N_1,C_1)\},\min_{C_2}\{P_2(N_2,C_2)\}\}\right\} \tag{8}$$

5 Stand der Forschung

Der erste bekannte Algorithmus kam von [Drezner(1984a)]. Er arbeitet mit einer expliziten Enumeration der infrage kommenden Optimal-Partitionierungen. Hierbei werden mathematische Hilfsmittel verwendet, um die Anzahl der Berechnungen der infrage kommenden Ein-Zentren-Probleme stark einzuschränken. Der Algorithmus hat Komplexität $O(n^3)$.

Der nächste Algorithmus kam von [Jaromczyk and Kowaluk(1994)], welcher eine neue Charakterisierung der optimalen Kreise verwendet, welches er kombiniert mit einem neuen Suchschema, kombiniert mit beschleunigter („lazy") Auswertung. Der Algorithmus ist fast von quadratischer Zeitkomplexität ($O(n^2 \cdot log(n))$). Betrachtet werden zur Charakterisierung der Kreise sog. Kegel. Die Kegel gehen von jedem Punkt p der Menge aus und besitzen jeden möglichen Öffnungswinkel, der von den Punkten bestimmt wird. Eine Sequenz von Kreisen ist nun folgendermaßen definiert: Die Kreise gehen durch p und durch jeden anderen Punkt q, der durch den Kegel aus der Menge ausgeschnitten wird. Die Strecke pq ist somit der Durchmesser der Kreise. Die Kreise sind sortiert nach der Größe der Radien. Die Kreise bilden eine Sequenz. Die Sequenz heißt monoton, wenn jede Menge in der nachfolgenden Menge enthalten ist. Es existieren nun Theoreme, wie man den optimalen Kreis in der Sequenz finden kann. Der jeweils andere Kreis ist dann komplementär. So befindet sich der optimale Kreis beweisbar entweder am Ende einer monotonen Sequenz, als letztes Element eines monotonen Anfangsstückes oder als erstes Element eines monotonen Endstückes. Die Auswertung beschleunigt durch binäre Suche die Anzahl der Einzelauswertungen.

[Sharir(2006)] baut auf das Resultat von [Jaromczyk and Kowaluk(1994)] auf und stellt einen ersten subquadratischen Algorithmus ($O(n \cdot log^9(n)) < O(n^2)$) vor. Diese von Shahir entwickelte Algorithmus kommt mit drei Fällen aus: Im ersten Fall sind die beiden Kreise klar voneinander getrennt, im zweiten Fall überlappen sie sich leicht, im dritten Fall sind sie nahezu konzentrisch. Interessant wird dies erst durch eine neue Lösung für das Teilproblem „Entscheidung über das Enthalten sein in einem Umkreisradius für eine Menge". Bei dem Algorithmus handelt es sich um eine Online-Lösung. So kann bei Verwaltung von zwei Mengen und einer Verschiebung von einer Menge in die andere die neue Entscheidung inkrementell bestimmt werden. Nun gibt es in den eingangs vorgestellten drei Fällen (klar getrennt, überlappend und nahezu konzentrisch) unterschiedliche Trennungseigenschaften dieser Mengen durch entsprechend konstruierte Linien. Somit ist ein schneller Vergleich der Radien für alle möglichen Trennungen der Menge schnell möglich.

[Eppstein(1996)] baut wiederum stark auf dem Resultat von [Sharir(2006)] auf, betrachtet hier auch die selben eingangs vorgestellten drei Fälle, verbessert allerdings die Auswertung in Punkto „inkrementelles Umkreis-Entscheidungsproblem" durch spezielle Datenstrukturen (Dobkin-Kirkpatrick Hierarchien). Durch zusätzliche Theoreme zur Eingrenzung des Maximums, wird die Anzahl der nötigen Auswertungen weiter reduziert. Das Optimalergebnis wird in erwarteter Zeit (stochastisch) ($E[T] = O(n \cdot log^2(n))$) geliefert.

In der Implementierung habe ich mich für den Algorithmus von [Drezner(1984a)] entschieden, weil hier die Lösung des Zwei-Zentren-Problems auf die Lösung von (möglichst wenigen) Ein-Zentren-Problemen zurückgeführt wird. Ein-Zentren-Probleme sind genau genommen ein davon völlig unabhängiges, eigenständiges Problem, für welches es eigens Algorithmen gibt. Jedoch können die Ein-Zentren-Probleme durch die in diesem Fall vorhandene Konvexität der Zielfunktionen auch durch frei verfügbare Optimierungs-Bibliotheken gelöst werden.

5.1 Sonderfall k-Means

Normalerweise gilt

$$f_i(C) = w_i d_i(C) \tag{9}$$

wobei w_i ein Gewicht und $d_i(C)$ der euklidische Abstand des i-ten Datenpunktes zum Zentrum ist. Alternativ ist es nun möglich, auch folgende Problemstellung zu betrachten:

$$f_i(C) = d_i(C)^2 \tag{10}$$

Ganz allgemein kann nur noch betrachtet werden, dass $f_i(C)$ eine beliebige konvexe Funktion in C ist.

Sei nun der Sonderfall

$$\min_{I_1,\ldots,I_n} \sum_{j=1}^{n} \min_{C_j} \sum_{i \in I_j} ||X_i - C_j||_2^2 = \min_{I_1,\ldots,I_n} \sum_{j=1}^{n} \min_{C_j} \sum_{i \in I_j} d_i(C_j)^2 \tag{11}$$

betrachtet, dann haben wir dafür den sogenannten k-Means-Algorithmus (vgl. [Lloyd(1982)], Algorithmus 1):

11

Algorithmus 1 k-Means-Algorithmus[Lloyd(1982)]

---

1. Wähle k zufällige Mittelwerte
$$m_1^{(1)}, \ldots, m_k^{(1)}$$

2. Bilde die Mengen
$$S_i^{(t)} = \left\{ x_j : ||x_j - m_i^{(t)}||^2 \leq ||x_j - m_{i^*}^{(t)}||^2 \forall i^* = 1, \ldots, k \right\}$$

3. Aktualisiere
$$m_i^{(t+1)} = \frac{1}{|S_i^{(t)}|} \sum_{x_j \in S_i^{(t)}} x_j$$

4. gehe zu Schritt 2.

Im Folgenden werden wir jedoch das Problem mit den gewichteten euklidischen Abständen betrachten laut 9.

6 Mathematische Grundlagen

6.1 Eigenschaften von Ein-Zentren-Problemen

Lemma 1. *Der Optimalwert für das Ein-Zentren-MinMax-Problem ist immer größer als der Optimalwert für das entsprechende Zwei-Zentren-MinMax-Problem.*

Beweis. Beim Ein-Zentrums-Problem sucht man den kleinsten Kreis, der z.B. n Punkte enthält. Beim Zwei-Zentren-Problem sucht man jeweils den kleinsten Kreis, der N_i^* enthält, $i = 1, 2$. Da N_i^* immer eine echte Teilmenge von n Punkten ist, kann der Radius des kleinsten Kreises, der N_i^* enthält, nicht größer sein, als der kleinste Kreis, der n Punkte enthält. $\quad\square$

Lemma 2. *Der Optimalwert für das Ein-Zentren-MinSum-Problem ist immer größer als der Optimalwert für das entsprechende Zwei-Zentren-MinSum-Problem.*

Beweis. Wir beginnen mit einer optimalen Partition (N_1^*, N_2^*). Sei X_j^* eine optimale Lösung, die $P_1(N_j^*, X)$ minimiert, für $j = 1, 2$. Sei C^* eine optimale Lösung, die $P_1(\alpha, X)$ minimiert. Dann gilt: $P_1(N_1^*, X_1^*) + P_1(N_2^*, X_2^*) < P_1(N_1^*, C^*) + P_1(N_2^*, C^*) = P_1(N_1^* \cup N_2^*, C^*) = P_1(\alpha, C^*)$. Jeweils wegen der Minimierungseigenschaft von X_j^* für die Einzelprobleme. $\quad\square$

Theorem 3. *Das Zwei-Zentren-Problem hat immer eine Optimallösung, dessen Partitionierung sich durch eine gerade Linie trennen lässt.*

Beweis. Wir beginnen mit einer optimalen Partition (N_1^*, N_2^*). Sei X_j^* eine optimale Lösung, die $P_1(N_j^*, X)$ minimiert, für $j = 1, 2$. Bemerke $X_1^* \neq X_2^*$, denn sonst wäre die Lösung dieselbe wie für das korrespondierende Ein-Zentrums-Problem, welches nach Lemma 2 nicht optimal sein kann. Offensichtlich, wenn $X_i \in N_1^*$, dann ist $d_i(X_1^*) \leq d_i(X_2^*)$. Und ebenso, wenn $X_i \in N_2^*$, dann ist $d_i(X_2^*) \leq d_i(X_1^*)$. Deswegen muss die Mittelsenkrechte, welche die Linie teilt, welche X_1^* und X_2^* verbindet, die beiden Partitionen N_1^* und N_2^* separieren. Wenn einige der Orte auf der Mittelsenkrechten liegen, können alle von ihnen entweder N_1^* oder N_2^* zugerechnet werden. Dann wird eine Linie, die parallel und genügend nahe zu der Mittelsenkrechten ist, die modifizierten Mengen N_1^* und N_2^* streng teilen. [2] □

6.2 Bestimmung der Trenngeraden

Nach dem oben beschriebenen Theorem kann die optimale Partitionierung der Punktmenge immer durch Trennung mit einer geraden Linie erfolgen. Doch welche Partitionierungen gibt es dann?

Wir müssen nun Linien durch jeden Punkt der Punktmenge betrachten. Bei der Frage, welche Richtungen die Geraden haben können, lässt sich das Problem vereinfachen. Die Gerade, die durch einen aktuellen Punkt, das Pivot geht, kann die Punktmenge nur auf folgende Weise trennen: Indem die Geraden betrachtet werden, die durch jeden anderen Punkt gehen, der nicht gerade Pivot ist.

Auf diese Weise werden nun alle Pivots und alle Richtungen durchgegangen.

Letztendlich kommt man darauf, dass für den Algorithmus nur die Partitionen entscheidend sind. Für jedes Pivot gewinnt man die sogenannten Startpartitionen. Sämtliche andere Partitionen für dieses Pivot können aus der Startpartition gewonnen werden. Die Startpartition erzeugt man zunächst, indem man alle Strahlen durch Punkte und durch das Pivot p nach dem Winkel sortiert und dann die Punkte sortiert den Partitionen zuweist (Alle Winkel $< \pi$ der ersten Partition und alle Winkel $> \pi$ der zweiten Partition). Aus der Startpartition kann man eine neue Partition erzeugen, indem entweder das erste Objekt von Partition 1 an das Ende von Partition 2 verschoben wird, oder das erste Objekt von Partition 2 an das Ende von Partition 1. Somit sind die Partitionen angeordnete Mengen, für die man noch eine passende Implementierung suchen muss. Dazu kommt, dass für jedes Pivot eine neue Startpartition zu erzeugen ist.

Nun interessiert man sich sicher dafür, wie die Objekte zwischen den Partitionen zu verschieben sind, um sämtliche Partitionen zu generieren. Für diesen Zweck geben die Autoren in [Drezner(1984a)] die sog. Theta-Prozedur an:

---

[2] Analoges kann auch für $P_2(I, C)$ bewiesen werden.

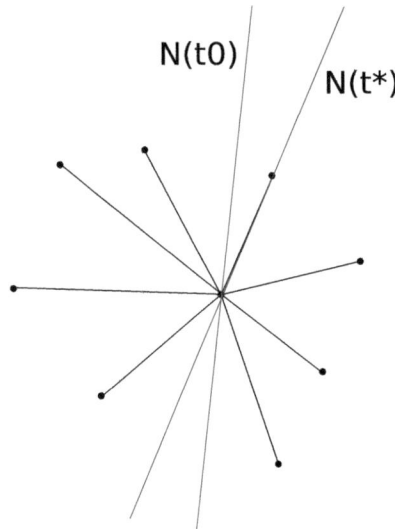

Abbildung 1: $N_1(\theta^*)$ und $N_1(\theta_0)$

- Sei θ_0 auf einen festen Wert initialisiert (dies ist ein willkürlicher Startwinkel für den Winkel der Trenngerade, dieser wird hier immer auf 0 initialisiert).

- Sei $\bar{\theta}_1 = min\{\theta_i|\theta_i > \theta_0\}$. Dies gibt den Startwinkel der ersten Partition an.

- Sei $\bar{\theta}_2 = min\{\theta_i|\theta_i > \theta_0 + \pi\}$. Dies gibt den Startwinkel der zweiten Partition an.

- Sei $\theta^* = min\{\bar{\theta}_1, \bar{\theta}_2 - \pi\}$. Durch das aktuelle Pivot wird eine Trenngerade mit Winkel θ_0 gezeichnet. Dies entspricht auf natürliche Weise einer Partitionierung $N(\theta_0)$ der Punktmenge. Zusätzlich sind alle Partitionen nach den sich zum Pivot ergebenden Winkeln sortiert und haben einen ersten und letzten Punkt. Es stellt sich nun die Frage nach dem Trennwinkel θ^*, der sich auf natürliche Weise ergebenden „nächsten" Partition. Dann ist θ^* der erste Wert von Theta nach θ_0, für welches sich die erste generierte Partition durch die Trenngerade mit Winkel θ^*, $N_1(\theta^*)$ von der alten Partition $N_1(\theta_0)$ unterscheidet.

- Setze $\theta_0 = \theta^*$ und iteriere.

Die Verschiebungsregeln legen fest, wann zur Gewinnung der nächsten Partition entweder die eine oder die andere Verschiebung notwendig ist.

- Wenn $\bar{\theta}_1 < \bar{\theta}_2 - \pi$ dann wird der Punkt mit dem Winkel $\theta_i = \theta_0$ verschoben (Objekt vom Anfang von Partition 1 an das Ende von Partition 2).

- Wenn $\bar{\theta}_2 - \pi < \bar{\theta}_1$ dann wird der Punkt mit dem Winkel $\theta_i = \bar{\theta}_2$ verschoben (Objekt vom Anfang von Partition 2 an das Ende von Partition 1).

6.3 Laufzeitanalyse

Wenn es nun möglich ist, alle in Frage kommenden Partitionen auf diese Weise zu generieren, reduziert sich das Problem auf die Aufgabe, sämtliche Zielfunktionswerte für diese Konfigurationen zu vergleichen. Der Zielfunktionswert ist die Summe der Lösungen zweier Ein-Zentren-Probleme. Es müssen also alle Ein-Zentren-Probleme durch einen effizienten Algorithmus gelöst werden. Natürlich wäre dies beweisbar die Lösung des aufgeworfenen Problems. Wie wir nachher sehen werden, geht dies jedoch erheblich schneller, da nicht alle Ein-Zentren-Probleme tatsächlich berechnet werden müssen.

- Das Sortieren der Liste mit den Datenpunkten nach den Winkeln für nur eine Konfiguration des Pivots dauert $O(n \cdot log(n))$. Für alle n Konfigurationen des Pivots dauert es also $O(n^2 \cdot log(n))$.

- Es sind $n(n-1)$ Partitionen zu generieren und damit $2n(n-1)$ Ein-Zentren-Probleme zu lösen. Die Ein-Zentren-Probleme werden durch Optimierungsalgorithmen fester Genauigkeit bzw. Iterationszahl gelöst. Diese hängen näherungsweise nur von den Kosten zur Berechnung der Zielfunktion $O(n)$ ab. Wenn die Kosten zur Berechnung der Zielfunktion $O(n)$ sind, sind die Kosten für eine Iteration des Optimierungsverfahrens: $O(1) + k \cdot O(n)$, wobei unter $O(1)$ Berechnungskosten des Optimierungsverfahrens pro Iteration zu subsummieren sind und unter $k \cdot O(n)$ Kosten für die k-fache Auswertung der Zielfunktion. Bei von der Toleranz ε abhängender Anzahl von Iterationen $m(\varepsilon)$ ist der Gesamtaufwand also: $(O(1) + k \cdot O(n)) \cdot m(\varepsilon) = O(n)$. Die Berechnung des One-Center-Problems über allgemeine Optimierungsverfahren wurde gewählt, weil unmittelbar Software-Bibliotheken für eine Vielzahl dieser Verfahren zur Verfügung stehen. Ein spezialisierter Algorithmus unter [Kumar and Yildrim(2009)] sei hier der Vollständigkeit halber genannt. Auch dieser hat beweisbar die Komplexität von $O(n)$, steht aber leider nicht als Software-Bibliothek zur Verfügung.

- Die Komplexität des Algorithmus richtet sich allerdings nach der Lösung der Ein-Zentren-Probleme. Demnach hat der Gesamt-Algorithmus die Komplexität $O(n^2 \cdot log(n)) + O(n^2) \cdot$

$O(n) = O(n^3)$. Dies ist zwar wesentlich weniger, als durch die Gesamtzahl aller theoretisch möglichen Partitionen 2^{n-1} suggeriert wird. Wir werden jedoch nachher sehen, dass es noch schneller möglich ist, indem Ein-Zentren-Probleme vor ihrer Lösung verworfen werden können.

7 Die Single-Facility-Lösung beim MinSum-Problem

7.1 Eigenschaften

Das Single-Facility-Problem lautet (Diese Funktion soll minimiert werden):

$$F(X) = \sum_{i=1}^{n} w_i d_i(X) \tag{12}$$

Im Folgenden werden wir uns um eine brauchbare Abschätzung bemühen, um möglichst viele solcher Probleme ohne vorherige Berechnung direkt verwerfen zu können. Im Folgenden beweisen wir, dass diese Schranke so scharf ist, dass sie tatsächlich auch erreicht wird.

$X = (x, y)$ sei ein beliebiger Punkt der euklidischen Ebene. $X_i = (x_i, y_i)$, $i \in I$ sei einer der indizierten Orte für Waren. $X_0 = (x_0, y_0)$ sei ein fest gewählter (konstanter) Punkt. F^* sei der minimale Funktionswert, den $F(X)$ annimmt.

Lemma 4. $d_i(X) \geq [|x_0 - x_i||x - x_i| + |y_0 - y_i||y - y_i|]/d_i(X_0)$

Beweis. Dies ist die Cauchy-Schwarzsche Ungleichung für die Vektoren $u := (|x_0 - x_i|, |y_0 - y_i|)$; $v := (|x - x_i|, |y - y_i|)$. Laut Cauchy-Schwarz gilt $|u||v| \geq\; <u, v> \;\Rightarrow |v| \geq\; <u, v> /|u|$. $\qquad\square$

Lemma 5. $F(X) \geq \sum_{i=1}^{n} w_i[|x_0 - x_i||x - x_i| + |y_0 - y_i||y - y_i|]/d_i(X_0)$

Beweis. Dies folgt direkt aus $F(X) := \sum_{i=0}^{n} w_i d_i(X)$ durch die direkte Anwendung der oben gewonnenen Abschätzung für die $d_i(X)$. $\qquad\square$

Lemma 6. $F^* \geq F_D$; wobei $F_D = \min_x \sum_{i=1}^{n} w_i^x |x - x_i| + \min_y \sum_{i=1}^{n} w_i^y |y - y_i|$; wobei $w_i^x := w_i|x_0 - x_i|/d_i(X_0)$; $w_i^y := w_i|y_0 - y_i|/d_i(X_0)$

Beweis. $F(X) \geq \sum w_i[|x_0 - x_i||x - x_i| + |y_0 - y_i||y - y_i|]/d_i(X_0) = \sum w_i^x |x - x_i| + \sum w_i^y |y - y_i| \geq \min_x \sum_{i=1}^{n} w_i^x |x - x_i| + \min_y \sum_{i=1}^{n} w_i^y |y - y_i| =: F_D \Rightarrow F(X) \geq F_D \Rightarrow F^* \geq F_D$ $\qquad\square$

Theorem 7. *Wenn X_0 optimal für Gleichung 12 ist, und es ist kein Nachfrage-Punkt (Transportsenke), dann $F_D = F^*$ in Lemma 6.*

Beweis. Das Differential nach x und y der Gleichung 12 ergibt $\frac{\partial}{\partial x}\sum_{i=1}^{n}w_id_i(X)=\sum_{i=1}^{n}w_i(x_i-x)/d_i(X)$, bzw. $\frac{\partial}{\partial y}\sum_{i=1}^{n}w_id_i(X)=\sum_{i=1}^{n}w_i(y_i-y)/d_i(X)$. Da X_o ein Minimum ist, gilt somit: $\sum_{i=1}^{n}w_i(x_i-x_0)/d_i(X_0)=0$, bzw. $\sum_{i=1}^{n}w_i(y_i-y_0)/d_i(X_0)=0$. Deswegen muss mit den Gewichten w_i^x, w_i^y aus Lemma 6 gelten: $\sum_{x_i<x_0}w_i^x=\sum_{x_i>x_0}w_i^x$, bzw. $\sum_{y_i<y_0}w_i^y=\sum_{y_i>y_0}w_i^y$. Beachte, dass sich die Terme in der Summe von den Gewichten aus Lemma 6 nur durch ihr Signum unterscheiden. Daher handelt es sich bei x_0, y_0 um Median-Punkte bezüglich der Gewichte w_i^x, w_i^y. Daher sind die Median-Punkte optimal für die eindimensionalen Optimierungsprobleme in Lemma 6. Somit $F_D=\min_x\sum_{i=1}^{n}w_i^x|x-x_i|+\min_y\sum_{i=1}^{n}w_i^y|y-y_i|=\sum_{i=1}^{n}w_i^x|x_0-x_i|+\sum_{i=1}^{n}w_i^y|y_0-y_i|=\sum_{i=1}^{n}w_i|x_0-x_i||x_0-x_i|/d_i(X_0)+\sum_{i=1}^{n}w_i|y_0-y_i||y_0-y_i|/d_i(X_0)=\sum_{i=1}^{n}w_i\frac{d_i(X_0)^2}{d_i(X_0)}=\sum_{i=1}^{n}w_id_i(X_0)=F(X_0)=F^*$ □

In den obigen Gleichungen wurde bewusst der Parameter X_0 zunächst unbestimmt gelassen. Die Abschätzung in Lemma 6 gilt nämlich zunächst für jedes beliebige X_0. Jedoch ist die Abschätzung dann unterschiedlich „scharf" und damit nicht immer gleichermaßen brauchbar für unser Problem.

Zusätzliche Einsicht schafft Theorem 7: Die Abschätzung ist dann besonders „scharf", wenn X_0 gerade optimal für Gleichung 12 ist. Diesen Wert können wir jedoch zum Zeitpunkt der Abschätzung noch nicht wissen. Wir möchten jedoch gleichermaßen schnell und „brauchbar" abschätzen.

Daher verwenden wir für X_0 letztendlich eine schnelle Näherung: Der Schwerpunkt der Punktmenge $X_0:=(x_S, y_S)$ ist im Single-Facility-Problem eine gute Näherung:

$$x_S:=\sum_{i=1}^{n}w_ix_i/\sum_{i=1}^{n}w_i \tag{13}$$

$$y_S:=\sum_{i=1}^{n}w_iy_i/\sum_{i=1}^{n}w_i \tag{14}$$

7.2 Berechnung

7.2.1 Berechnung mittels Weizfeld-Prozedur

Der Weizfeld-Algorithmus (vgl. [Weiszfeld(1937)], Algorithmus 2) berechnet den Punkt (Zentrum), dessen Summe der gewichteten Distanzen zu den gegebenen Punkten (Nachfragepunkte) minimal ist. Dieser Algorithmus könnte herangezogen werden, um sowohl das MinSum-Ein-Zentren-Problem als auch die eindimensionale FD-Abschätzung zu lösen. Tatsächlich wird aber das MinSum-Ein-Zentren-Problem durch den Algorithmus von Powell (vgl. Abschnitt 7.2.2) gelöst und die eindimensionale FD-Abschätzung durch einen Bracketing-Solver

---

Algorithmus 2 Weizfeld-Prozedur

1. gegeben Punkte $x_1, \dots, x_m$, gesucht ist der Geometrische Median y

2. initialisiere y_0 auf einen Anfangswert, möglicherweise den Mittelwert von $x_1, \dots, x_m$

3. setze $i = 0$

4. berechne

$$y_{i+1} = \left(\sum_{j=1}^{m} \frac{x_j}{||x_j - y_i||} \right) / \left(\sum_{j=1}^{m} \frac{1}{||x_j - y_i||} \right)$$

5. Wenn $||y_{i+1} - y_i|| < \varepsilon$, Abbruch

6. inkrementiere i, gehe zu 4

7. Der Wert y_{i+1} konvergiert gegen y für $i \to \infty$

(vgl. Abschnitt 7.2.3) gelöst. Prinzipiell kann der eindimensionale Median auch einfach durch Sortieren gewonnen werden.

Es gilt:

$$f(X) = \sum_{i=1}^{n} ||X - X_i|| \tag{15}$$

Dabei sind alle Gewichte im MinSum-Problem auf 1 gesetzt. Für die Ableitung gilt:

$$\frac{\partial}{\partial X} f(X) = \sum_{i=1}^{n} \frac{X - X_i}{||X - X_i||} \tag{16}$$

Wenn Y die Nullstelle dieser Ableitung ist (Ort des Minimums), dann muss für Y gelten:

$$\sum_{i=1}^{n} \frac{Y - X_i}{||Y - X_i||} = 0 \Rightarrow \sum_{i=1}^{n} \frac{Y}{||Y - X_i||} = \sum_{i=1}^{n} \frac{X_i}{||Y - X_i||} \tag{17}$$

$$\Rightarrow Y = \left(\sum_{i=1}^{n} \frac{X_i}{||Y - X_i||} \right) / \left(\sum_{i=1}^{n} \frac{1}{||Y - X_i||} \right) \tag{18}$$

Dies ist eine Fixpunktgleichung. Mann kann zeigen, dass die Voraussetzungen des Banachschen Fixpunktsatzes erfüllt sind.

Damit ist die Weizfeld-Prozedur im wesentlichen die Banachsche Fixpunkt-Iteration.

7.2.2 Berechnung mittels Powell-Algorithmus

Die auftretenden Optimierungsprobleme für die Single-Facility-Probleme sind konvex[3]. Daher konvergieren sog. konvexe Optimierungsverfahren auch strikt gegen das globale Optimum. Allerdings ist das MinSum-Problem als solches differenzierbar. Das MinMax-Problem ist nicht als Ganzes differenzierbar. Beide sind sicherlich aber in jedem Punkt stetig.

Der Powell-Optimizer generiert nach einem festen Schema Suchrichtungen (anhand der Powell-Vektoren) und führt auf diesen Suchrichtungen dann Liniensuche aus (Beispielsweise auch mit dem Brent-Solver). Durch diese Art der Generierung der Suchrichtungen ist keine explizite Berechnung des Differentials erforderlich. (vgl. [Powell(1964)], Algorithmus 3)

Die hier betrachtete Zielfunktion ist die Zielfunktion des MinSum-Optimierungsproblems:

$$f(X) = \sum_{i=1}^{n} w_i \|X - X_i\| \tag{19}$$

Das Differential dieser Funktion ist hier nicht unbedingt erforderlich, da der Powell-Algorithmus ein ableitungsfreies Verfahren ist. Trotzdem kann das Differential hier analytisch angegeben werden:

$$\frac{\partial}{\partial X} f(X) = \sum_{i=1}^{n} w_i \frac{X - X_i}{\|X - X_i\|} \tag{20}$$

Mit dieser Information kann dann „Gradient Descent" durchgeführt werden, oder ähnliches.

7.2.3 Berechnung mittels Brent-Algorithmus

Der Brent-Solver ist ein sogenannter „Bracketing-Solver", der das Optimum auf einem eindimensionalen Intervall einschachtelt. Dabei werden nach einem festen Schema inverse quadratische Interpolation und das Goldene-Schnitt-Verfahren eingesetzt (vgl. [Brent(1973)], Algorithmus 5, 6). Hervorgegangen ist Brents Methode aus dem Algorithmus von Dekker, der ursprünglich nur Nullstellen von univariaten Funktionen bestimmen konnte (vgl. [Dekker(1969)], Algorithmus 4).

---

[3]Die Optimierungsprobleme haben die Form $f(x,y) = \sum_i w_i d_i(x,y)$, bzw. $g(x,y) = \max_i \{w_i d_i(x,y)\}$. Da dies Summen-, bzw. Maximums-Bildung von Funktionen $w_i d_i(x,y)$ sind, ist nur noch zu zeigen, dass $d_i(x,y) = \sqrt{(x-x_i)^2 + (y-y_i)^2}$ konvex ist. Dies ist aber der Fall, weil es sich um die Summe von zwei konvexen, quadratischen Termen $(x-x_i)^2 + (y-y_i)^2$ handelt, gegebenenfalls verschoben um Konstanten, wodurch sie aber konvex bleiben. Auf das Ergebnis wird nun nur noch die Wurzel angewendet, eine monoton steigende Funktion. Dabei bleibt das Ergebnis konvex.

Algorithmus 3 Powell-Algorithmus

1. Initialisiere $p_0 = start$ und $\xi_i = e_i$ für $i = 1, 2, ..., n$

2. Für $r = 1, 2, ..., n$ kalkuliere λ_r so dass $f(p_{r-1} + \lambda_r \xi_r)$ ein Minimum ist und definiere $p_r = p_{r-1} + \lambda_r \xi_r$.

3. Wenn $\|p_n - p_0\| < \varepsilon$, Abbruch

4. Für $r = 1, 2, ..., n-1$ ersetze ξ_r durch ξ_{r+1}.

5. Ersetze ξ_n durch $(p_n - p_0)$.

6. Wähle λ so, dass $f(p_n + \lambda\{p_n - p_0\})$ ein Minimum ist und ersetze p_0 durch $p_n + \lambda\{p_n - p_0\}$.

7. Gehe zu Schritt 2.

Das Minimum soll bestimmt werden von den Funktionen

$$f_x(x) = \sum_{i=1}^{n} w_i^x |x - x_i| \tag{21}$$

$$f_y(y) = \sum_{i=1}^{n} w_i^y |y - y_i| \tag{22}$$

Dann wird verwendet um die Konstante F_D zu berechnen:

$$F_D = \min_x f_x(x) + \min_y f_y(y) \tag{23}$$

Prinzipiell handelt es sich um einen gewichteten Median, der auch durch Sortieren der Datenpunkte gewonnen werden kann. Der gewichtete Median ist dort, wo die Summe der sortierten Gewichte gerade 0,5 ist. Dies sieht man gut durch Nullsetzen der ersten Ableitung:

$$\frac{\partial}{\partial x} f_x(x) = \sum_{i=1}^{n} w_i^x \frac{x - x_i}{|x - x_i|} = \sum_{i=1}^{n} w_i^x sgn(x - x_i) = \sum_{x > x_i} w_i^x - \sum_{x < x_i} w_i^x \tag{24}$$

Algorithmus 4 Algorithmus von Dekker ([Dekker(1969)])

1. a_0 und b_0 werden so gewählt, dass $f(a_0)$ und $f(b_0)$ andere Vorzeichen haben, setze $b_{-1} = a_0$

2. setze $k = 0$

3. berechne

$$s = \left\{ \begin{array}{cc} b_k - \frac{b_k - b_{k-1}}{f(b_k) - f(b_{k-1})} f(b_k) & f(b_k) \neq f(b_{k-1}) \\ m & sonst \end{array} \right\}$$

4. berechne

$$m = \frac{a_k + b_k}{2}$$

5. wenn $b_k < s < m$, dann $b_{k+1} = s$, sonst $b_{k+1} = m$

6. wenn $f(a_k)$ ein anderes Vorzeichen hat als $f(b_{k+1})$, dann $a_{k+1} = a_k$

7. wenn $f(b_k)$ ein anderes Vorzeichen hat als $f(b_{k+1})$, dann $a_{k+1} = b_k$

8. wenn $|f(a_{k+1})| < |f(b_{k+1})|$, dann werden a_{k+1} und b_{k+1} vertauscht

9. inkrementiere k, gehe zu 3.

Algorithmus 5 Brents algorithm for finding the minimum of a univariate function ([Brent(1973)])

```
real procedure localmin (a, b, eps, t, f, x);
value a, b, eps, t; real a, b, eps, r, x; real procedure f;
    begin comment:
        If the function f is defined on the interval (a, b), then localmin finds an
        approximation x to the point at which f attains its minimum (or the
        appropriate limit point), and returns the value of f at x. t and eps define a
    real c, d, e, m, p, q, r, tol, t2, u, v, w, fu, fv, fw, fx;
    c: = 0.381966; comment: c = (3 − sqrt(5))/2;
    v: = w: = x: = a + c × (b − a); e: = 0;
    fv: = fw: = fX: = f(x);
    comment: Main loop;
    loop: m: = 0.5 × (a + b);
    tol: = eps × abs(x) + t; t2: = 2 × tol;
    comment: Check stopping criterion;
    if abs(x − m) > t2 − 0.5 × (b − a) then
        begin p: = q: = r: = 0;
        if abs(e) > tol then
            begin comment: Fit parabola;
```

Algorithmus 6 Brents algorithm for finding the minimum of a univariate function
([Brent(1973)])

$r: = \cdot (x - w) \times (fx - fv); \, q: = (x - v) \times (fx - fw);$

$p: = (x - v) \times q - (x - w) \times r; \, q: = 2 \times (q - r);$

if $q > 0$ **then** $p: = -p$ **else** $q: = -q;$

$r: = e; \, e: = d$

end;

if abs$(p) < $ abs$(0.5 \times q \times r) \wedge P < q \times (a - x) \wedge$

$\quad P < q \times (b - x)$ **then**

$\quad$ **begin comment**: A "parabolic interpolation" step;

$\quad d: = p/q; \, u: = x + d;$

$\quad$ **comment**: f must not be evaluated too close to a or b;

$\quad$ **if** $u - a < t2 \vee b - u < t2$ **then** $d: = $ **if** $x < m$ **then** tol

$\quad\quad$ **else** $- tol$

$\quad$ **end**

else

$\quad$ **begin comment**: A "golden section" step;

$\quad e: = ($ **if** $x < m$ **then** b **else** $a) - x; \, d: = c \times e$

$\quad$ **end;**

comment: f must not be evaluated too close to x;

$u: = x + ($ **if** abs$(d) \geq tol$ **then** d **else if** $d < 0$ **then** tol **else** $- tol);$

$fu: = f(u);$

comment: Update $a, b, v, w,$ and x;

if $fu \leq fx$ **then**

$\quad$ **begin if** $u < x$ **then** $b: = x$ **else** $a: = x;$

$\quad v: = w; \, fv: = fW; \, w: = x; \, fW: = fx; \, x: = u; \, fx: = fu$

$\quad$ **end**

else

$\quad$ **begin if** $u < x$ **then** $a: = u$ **else** $b: = u;$

$\quad$ **if** $fu \leq fw \vee w = x$ **then**

$\quad\quad$ **begin** $v: = w; \, fv: = fw; \, w: = u; \, fw: = fu$ **end**

$\quad$ **else if** $fu \leq fv \vee v = x \vee v = w$ **then**

$\quad\quad$ **begin** $v: = u; \, fv: = fu$

$\quad\quad$ **end**

$\quad$ **end;**

$\quad$ **go to loop**

$\quad$ **end;**

$localmin: = fx$

end $localmin;$

---

8 Die Two-Facility-Lösung beim MinSum-Problem

8.1 Eigenschaften

9 Der MinSum-Algorithmus

9.1 Idee des MinSum-Algorithmus

Das in 6.2 beschriebene Schema zu Gewinnung der Trenngeraden wird angewendet. Für jedes Pivot können aus einer sortierten Startpartition sämtliche andere Partitionen gewonnen werden.

Zur Gewinnung der Startpartition bilden wir eine angeordnete Menge, sortiert nach den Winkeln der Punkte zum Pivot. Zunächst ist $i_1 = 0$ und i_2 ist der kleinste Index der angeordneten Menge, für welche der Winkel zum Pivot $> \pi$ ist. Nun wird die erste Partition gewonnen, indem wir alle Werte vom Index i_1 bis $i_2 - 1$ in eine weitere angeordnete Menge kopieren. Die zweite Partition wird gewonnen, indem die Werte vom Index i_2 bis Ende in eine dritte angeordnete Menge kopiert werden. Stellen wir uns vor, zum Gewinnen sämtlicher Partitionen müssten nur die Indizes i_1 und i_2 verschoben werden, was die Theta-Prozedur ja zeigt, und anschließend die Kopiervorgänge in die angeordneten Partitionsmengen immer von neuem geschehen. Die Beschleunigung setzt genau hier an: Es genügt einen Punkt vom Anfang der einen angeordneten Menge zu nehmen und an das Ende der anderen angeordneten Menge zu schieben. Dies entspricht dann entweder einem Inkrement von i_1 oder i_2. Sämtliche Partitionen können nur durch diese Inkremente erzeugt werden. Wann das eine oder das andere Inkrement passiert, bestimmt die Theta-Prozedur. Für das nächste Pivot brauchen wir natürlich wieder eine ganz andere Datenstruktur.

Es ist nun also nur noch erforderlich, die Oncenter-Probleme für alle sich ergebenden Partitionen und Pivots zu lösen. Ein Vergleich sämtlicher Zielfunktionswerte (Summe Onecenter-Problem Partition 1 addiert mit der Summe des Onecenter-Problems der Partition 2) sollte nun also das Ergebnis liefern. Man kann in Theorem 3 auch zeigen, dass dies tatsächlich alle Partitionen sind, die für die Optimal-Partitionierung infrage kommen.

Wichtig ist die Erkenntnis, dass F_1 und F_2 niemals kleiner werden können, als der entsprechende Wert für F_D, siehe Lemma 6. Daher werden F_1 und F_2 initial auf 0 gesetzt, denn so groß müssen sie mindestens sein (euklidische Abstände sind positiv und die Gewichte sind auch positiv zu wählen.). Anschließend setzt man zunächst F_1 auf den entsprechenden Wert für F_D und anschließend F_2 auf den entsprechenden Wert für F_D. Erst dann setzt man F_1 auf einen exakt berechneten Wert F_1^*, anschließend F_2 auf einen exakt berechneten Wert F_2^*. Die

23

Summe $F_1 + F_2$ hat also unter 4 zu jedem Zeitpunkt einen Wert, der mindestens so groß sein muss, zumindest nicht kleiner. Sobald klar ist, dass dies größer sein muss als der alte Optimalwert F^*, kann dieser Schritt übersprungen werden. Der Prüfschritt unter 4 ermöglicht also zu jedem Zeitpunkt einen Ausstieg. Nur wenn kein solcher Ausstieg passiert, aktualisiert sich unter 9 der beste gefundene Wert. Die Idee ist also offensichtlich, möglichst viele dieser teuren Auswertungen von F_1^* und F_2^* zu sparen.

Der MinSum-Algorithmus (exakt gemäß Listing in [Drezner(1984a)]) wird in Algorithmus 7 beschrieben.

9.2 Der MinSum-Algorithmus 2

Der Algorithmus gliedert sich in die Schritte Vorbereitung (Zeilen 1-3), Solver (Zeilen 4-9) und Theta-Prozedur (Zeilen 10-14).

Wird die Bedingung (Zeile 4) auf Verbesserung überprüft, wird verworfen (Sprung nach Zeile 10), sobald klar ist, dass der aktuelle Zielfunktionswert $F^* = F_1 + F_2$ keinesfalls besser werden kann, als der momentan gespeicherte. Dies wird über die Abschätzungen über F_D klar:

$$F^* = F_1^* + F_2^* > F_1^* + F_D\{F_2\} > F_D\{F_1\} + F_D\{F_2\} > F_D\{F_1\} + 0 > 0 + 0 \qquad (25)$$

Der Prüfschritt $F_1 + F_2 > F^*$ (Zeile 4) wird jeweils nach den Schritten (5,6,7,8) immer wieder aufgerufen, um so früh wie möglich verwerfen zu können (Sprung nach Schritt 10).

Beim Durchlauf der Schritte (5,6,7,8) werden die Merker b_1, b_2 mit den Werten $b_1, b_2 = (0, 1, 2)$ belegt, so dass nach einem Prüfschritt (Zeile 4) nicht ein erneutes Durchlaufen bereits abgearbeiteter Schritte erfolgt.

Erreichen die Merker b_1 und b_2 beide den Merkerwert 2, wird anschließend bei Prüfschritt 4 ($F_1 + F_2 > F^*$) nicht verworfen, so läuft der Algorithmus ohne weitere Solver-Schritte weiter zum Update-Schritt $F^* = F_1 + F_2$ bei Zeile 9. Ein besserer Wert wurde gefunden.

Ob nun verworfen wurde, oder ein neuer Wert gefunden, letztendlich geht es weiter bei Schritt (10-14) und die oben beschriebene Theta-Prozedur (mit Verschiebungsschritten zur Generierung der Partitionen) wird durchgeführt.

Letztendlich geht es dann wieder weiter bei den Solver-Schritten (4 oder 6), bei denen in mehreren Stufen die Verbesserung des Zielfunktionswertes überprüft wird. Solver-Schritte und Theta-Prozedur (mit Partitionsgenerierung) laufen also abwechselnd in einer Schleife ab.

Diese Schleife wird erst gebrochen, wenn die Theta-Prozedur durch ist. Dann erfolgen erneute Vorbereitungsschritte (Zeilen 1-3, zur neuen Initialisierung der Partitionen), um anschließend wieder das Wechselspiel zwischen Solver-Schritten (Zielfunktionswert-Überprüfung)

Algorithmus 7 Der MinSum-Algorithmus

---

1. Sortiere die Koordinaten der Punkte in nicht abfallender Reihenfolge. Setze F^* auf eine sehr große Zahl. Setze das Pivot $p = 1$.

2. Berechne alle Winkel zur positiven x-Achse, die durch Strahlen durch das Pivot p entstehen, welche durch sämtliche andere Punkte führen. Sortiere alle diese Winkel in nicht abfallender Reihenfolge.

3. Weise alle Orte, für die $0 \leq \theta_i \leq \pi$ und das Pivot p der Menge N_1 zu, und alle Orte, für die $\theta_i > \pi$ gilt, der Menge N_2 zu. Setze $(i_1) = 1$ und (i_2) als den Orts-Index, der dem niedrigsten Winkel entspricht, welcher größer ist als π. Setze $b_1 = b_2 = 0$ und $F_1 = F_2 = 0$.

4. Wenn $F_1 + F_2 > F^*$, dann gehe zu Schritt 10.

5. Wenn $b_1 = 0$, dann kalkuliere F_D für N_1. Setze $b_1 = 1$ und aktualisiere F_1, falls $F_D > F_1$. Gehe zu Schritt 4.

6. Wenn $b_2 = 0$, dann kalkuliere F_D für N_2. Setze $b_2 = 1$ und aktualisiere F_2, falls $F_D > F_2$. Gehe zu Schritt 4.

7. Wenn $b_1 = 1$, kalkuliere den Optimalwert F_1^* für das Ein-Zentren-Problem für N_1. Setze $F_1 = F_1^*$, $b_1 = 2$ und gehe zu Schritt 4.

8. Wenn $b_2 = 1$, kalkuliere den Optimalwert F_2^* für das Ein-Zentren-Problem für N_2. Setze $F_2 = F_2^*$, $b_2 = 2$ und gehe zu Schritt 4.

9. Aktualisiere $F^* = F_1 + F_2$.

10. Finde $\bar{\theta}_1, \bar{\theta}_2$ wie in der Theta-Prozedur 6.2 beschrieben.

11. Wenn $\bar{\theta}_1 > \bar{\theta}_2 - \pi$ dann gehe zu Schritt 14.

12. Wenn $\bar{\theta}_1 > \pi$, setze $p = p + 1$. Wenn $p = n + 1$, Stop. Andernfalls gehe zu Schritt 2.

13. Transferiere den Ort i_1 von N_1 zu N_2. Setze $(i_1) = (i_1) + 1$. Setze $F_1 = 0$, $b_1 = b_2 = 0$. Gehe zu Schritt 4.

14. Setze $(i_2) = (i_2) + 1$. Transferiere i_2 von N_2 nach N_1. Setze $F_2 = 0$, $b_1 = b_2 = 0$. Gehe zu Schritt 6.

---

und Theta-Prozedur (mit Partitionsgenerierung) fortzusetzen.

9.3 Abwandlung des MinSum-Algorithmus für gleichgroße Partitionen

In der Abwandlung des MinMax-Algorithmus (Algorithmus 8) sollen nun nur noch Partitionen betrachtet werden, für die sich die Größe der beiden Partitionen um maximal 1 unterscheidet. Die Theta-Prozedur (Abschnitt 6.2) garantiert, dass wirklich alle Partitionen betrachtet werden, die als Optimalpartitionen infrage kommen (alle, die sich durch eine gerade Linie trennen lassen, Beweis siehe 3). Es ist nun erforderlich, alle Partitionen, die die geforderte Eigenschaft nicht aufweisen ($||N_1| - |N_2|| > 1$), zu überspringen. Die Betrachtung meint hierbei den Vergleich sämtlicher Zielfunktionswerte der infrage kommenden Kandidaten für Optimalpartitionen.

Die Erklärung der einzelnen Modifikationen erfolgt anschließend. Die Modifikationen sind doppelt unterstrichen in Algorithmus 8.

4. Schritt 4 überspringt die Berechnung der Zielfunktionswerte nun nicht nur, wenn klar ist, dass der Zielfunktionswert größer wird. Die Berechnung der Zielfunktionswerte wird auch übersprungen, wenn die Partitionierung ungültig ist.

9. Eine Aktualisierung des Zielfunktionswertes kann ebenfalls nur erfolgen, wenn eine gültige Partitionierung gefunden wurde. Andernfalls sind die Zielfunktionswerte F_1 und F_2 nicht vorhanden.

13. Wir setzen sowohl F_1 als auch F_2 zurück, arbeiten also nicht mit sich erhaltenden Werten. Außerdem gehen wir danach immer zu Schritt 4, was einen kompletten Neuaufbau der Zielfunktionswerte und deren Abschätzungen forciert.

14. Wir setzen sowohl F_1 als auch F_2 zurück, arbeiten also nicht mit sich erhaltenden Werten. Außerdem gehen wir danach immer zu Schritt 4, was einen kompletten Neuaufbau der Zielfunktionswerte und deren Abschätzungen forciert.

Algorithmus 8 Die Abwandlung des MinSum-Algorithmus

---

1. Sortiere die Koordinaten der Punkte in nicht abfallender Reihenfolge. Setze F^* auf eine sehr große Zahl. Setze das Pivot $p = 1$.

2. Berechne alle Winkel zur positiven x-Achse, die durch Strahlen durch das Pivot p entstehen, welche durch sämtliche andere Punkte führen. Sortiere alle diese Winkel in nicht abfallender Reihenfolge.

3. Weise alle Orte, für die $0 \leq \theta_i \leq \pi$ und das Pivot p der Menge N_1 zu, und alle Orte, für die $\theta_i > \pi$ gilt, der Menge N_2 zu. Setze $(i_1) = 1$ und (i_2) als den Orts-Index, der dem niedrigsten Winkel entspricht, welcher größer ist als π. Setze $b_1 = b_2 = 0$ und $F_1 = F_2 = 0$.

4. Wenn $\|N_1| - |N_2\| > 1 \vee F_1 + F_2 > F^*$, dann gehe zu Schritt 10.

5. Wenn $b_1 = 0$, dann kalkuliere F_D für N_1. Setze $b_1 = 1$ und aktualisiere F_1, falls $F_D > F_1$. Gehe zu Schritt 4.

6. Wenn $b_2 = 0$, dann kalkuliere F_D für N_2. Setze $b_2 = 1$ und aktualisiere F_2, falls $F_D > F_2$. Gehe zu Schritt 4.

7. Wenn $b_1 = 1$, kalkuliere den Optimalwert F_1^* für das Ein-Zentren-Problem für N_1. Setze $F_1 = F_1^*$, $b_1 = 2$ und gehe zu Schritt 4.

8. Wenn $b_2 = 1$, kalkuliere den Optimalwert F_2^* für das Ein-Zentren-Problem für N_2. Setze $F_2 = F_2^*$, $b_2 = 2$ und gehe zu Schritt 4.

9. Wenn $\|N_1| - |N_2\| \leq 1$, aktualisiere $F^* = F_1 + F_2$.

10. Finde $\bar{\theta}_1, \bar{\theta}_2$ wie in der Theta-Prozedur 6.2 beschrieben.

11. Wenn $\bar{\theta}_1 > \bar{\theta}_2 - \pi$ dann gehe zu Schritt 14.

12. Wenn $\bar{\theta}_1 > \pi$, setze $p = p + 1$. Wenn $p = n + 1$, Stop. Andernfalls gehe zu Schritt 2.

13. Setze $(i_1) = (i_1) + 1$. Transferiere den Ort i_1 von N_1 nach N_2. Setze $F_1 = F_2 = 0$, $b_1 = b_2 = 0$. Gehe zu Schritt 4.

14. Setze $(i_2) = (i_2) + 1$. Transferiere den Ort i_2 von N_2 nach N_1. Setze $F_1 = F_2 = 0$, $b_1 = b_2 = 0$. Gehe zu Schritt 4.

---

10 Die Single-Facility-Lösung beim MinMax-Problem

10.1 Eigenschaften

10.1.1 Existenz der Single-Facility-Lösung für eine Teilmenge der konvexen Funktionen $I \subset N$

Das Single-Facility-Problem lautet (Diese Funktion soll minimiert werden):

$$F_N(X) = \max_{i \in N}\{w_i d_i(X)\} = \max_{i \in N}\{f_i(x)\} \tag{26}$$

Im Folgenden werden wir uns um brauchbare Regeln bemühen, um möglichst viele solcher Probleme ohne vorherige Berechnung direkt verwerfen zu können.

Theorem 8. *Es existiert eine Teilmenge $I \subset N$ der Kardinalität kleiner oder gleich $k+1$ (wobei k die Dimension des Problems ist), so dass das folgende Problem*

$$\min_x\{\max_{i \in I}\{f_i(x)\}\} \tag{27}$$

einen Optimalwert von f^* (der Optimalwert des ursprünglichen Problems) hat. Des weiteren ist mindestens ein Lösungspunkt von Problem 27 ebenso ein Lösungspunkt von Problem 26.

Beweis. (vgl. [Drezner(1982)]) Der Fall $n \leq k+1$ ist trivial, so dass wir im Folgenden annehmen $n > k+1$. Bemerke alle möglichen Teilmengen von $k+1$ Elementen aus N. Diese seien $I_1, ..., I_r$, wobei $r = \binom{n}{k+1}$. Seien

$$F_{I_j}(x) = \max_{i \in I_j}\{f_i(x)\}$$

und

$$f_{I_j} = \min_x\{F_{I_j}(x)\}$$

Weil $F_N(f^*) \neq \emptyset$, $F_{I_j}(f^*) \neq \emptyset$, gilt $f_{I_j} \leq f^*$. Sei $f^m = \max_j\{f_{I_j}\}$. Weil $f_{I_j} \leq f^*$, gilt $f^m \leq f^*$. Weil $f_{I_j} \leq f^m$, gilt für alle I_j nun $F_{I_j}(f^m) \neq \emptyset$. Nach Helleys Theorem folgt nun $F_N(f^m) \neq \emptyset$ und deswegen $f^* \leq f^m$. Insgesamt also $f^m = f^*$. Deswegen existiert ein I_j, so dass $f_{I_j} = f^*$. Deswegen hat die Lösung zu Problem 27 den Optimalwert f^*. Jetzt, wegen $F_N(f^*) \subset \bigcup_j F_{I_j}(f^*)$, muss mindestens einer der Lösungspunkte von Problem 27 auch ein Lösungspunkt von Problem 26 sein. $\square$

Korollar 9. *Die Lösung für das MinMax Ein-Zentren-Problem bleibt unverändert, wenn wir einen Punkt entfernen, der sich nicht in der Menge I befindet.*

Beweis. Wenn die Lösung des Problems für die Teilmenge von Punkten aus I dieselbe ist, bedeutet das nun, dass die Punkte aus I einen Kreis definieren in dem alle übrigen Punkte enthalten sind. Denn wenn es Punkte außerhalb dieses Kreises gäbe, könnte die Lösung für das Problem niemals dieselbe sein, wie für das Gesamtproblem. Das Entfernen von Punkten innerhalb dieses Kreises ändert natürlich nichts. □

Korollar 10. *Die Lösung für das MinMax Ein-Zentren-Problem bleibt unverändert, wenn wir einen Punkt hinzufügen, dessen gewichtete Distanz vom Zentrum nicht größer ist, als der momentane Optimalwert der Zielfunktion.*

Beweis. Wenn man der Maximums-Bildung einen zusätzlichen Term hinzufügt, dessen Wert an der Stelle x kleiner ist, als das momentane Maximum, ändert sich für dieses x natürlich der Rückgabewert nicht. Da aber durch einen zusätzlichen Punkt die Zielfunktion nur größer werden kann, nicht kleiner, ist dies auch schon die Lösung für x.

□

Diese Korollare lassen es zu, Regeln für die Wiederberechnung des Single-Facility-Problems (Gleichung 26) aufzustellen. Dieses muss nämlich nur dann wieder berechnet werden, wenn seine Lösung sich geändert hat. Wir verwalten zwei solche Single-Facility-Probleme: Eines für die Partition N_1 und eines für die Partition N_2. Zwischen den beiden Partitionen kommt es zum Transfer. Nun ist es nur erforderlich, eines von beiden neu zu berechnen, wenn sich seine Lösung durch den Transfer ändert. Die Lemmata lassen daher Aussagen darüber zu, wann das der Fall ist.

10.1.2 Stationäre Punkte der Zielfunktion bei nichtkonvexen Funktionen

Definition 11. Ein stationärer Punkt ist ein Punkt, so dass die Richtungsableitung der Funktion $f(x)$ null ist, in jeder Richtung.

Definition 12. Ein nicht negativer stationärer Punkt ist ein Punkt, so dass die Richtungsableitung der Funktion $f(x)$ nicht negativ ist, in jeder Richtung.

Definition 13. Ein nicht positiver stationärer Punkt ist ein Punkt, so dass die Richtungsableitung der Funktion $f(x)$ nicht positiv ist, in jeder Richtung.

Lemma 14. *Wenn ein Punkt ein nicht negativer stationärer Punkt ist und ein nicht positiver stationärer Punkt ist, dann muss der Punkt ein stationärer Punkt sein.*

Lemma 15. *Wenn der Gradient von $f(x)$ an einem bestimmten Punkt existiert, dann sind unter dieser Nebenbedingung nicht negativer stationärer Punkt, nicht positiver stationärer Punkt und stationärer Punkt äquivalent.*

Definition 16. Sei $f_N(x) = \max_{i \in N}\{f_i(x)\}$. Sei x^S ein nicht negativer stationärer Punkt von $f_N(x)$, und sei $S = \{i | f_i(x^S) = f_N(x^S)\}$. Die $f_i(x)$ sind nicht notwendigerweise konvex.

Theorem 17. *Wenn der Gradient von $f_i(x)$ an der Stelle x^S existiert, für $i \in S$, dann existiert auch eine Teilmenge $I \subset N$, der Kardinalität kleiner oder gleich $k+1$, so dass x^S ein nicht negativer stationärer Punkt von $f_I(x)$ ist.*

Beweis. (vgl. [Drezner(1982)]) Der Fall $n \leq k+1$ ist trivial, nehmen wir daher an, $n > k+1$. Sei θ ein Richtungsvektor. Weil x^S ein nicht negativer stationärer Punkt von $f_N(x)$ ist, existiert ein $i \in S$, so dass $\nabla f_i(x^S) \cdot \theta \geq 0$ in dieser Richtung. Sei $g_i(x) = \nabla f_i(x^S) \cdot (x - x^S)$ für $i \in S$. Dann ist $g_i(x) = 0$ die Tangential-Hyperebene zu $f_i(x)$ bei $x = x^S$. Weil für jede Richtung θ ein $i \in S$ existiert, für welches $g_i(x + \lambda \theta) \geq 0$ für $\lambda \geq 0$, ist x^S gleichzeitig der optimale Punkt für das Ersatzproblem:

$$\min_x \{\max_{i \in S}\{g_i(x)\}\} \tag{28}$$

Weil die $g_i(x)$ nun konvex sind, für $i \in S$, existiert nach Theorem 8 eine Teilmenge I, $I \subset S \subset N$, der Kardinalität kleiner oder gleich $k+1$, so dass x^S optimal für folgendes Problem ist:

$$\min_x \{\max_{i \in I}\{g_i(x)\}\} \tag{29}$$

Deswegen existiert, für jede Richtung θ ein $i \in I$, für welches $g_i(x + \lambda \theta) \geq 0$, welches bedeutet, dass $\nabla f_i(x^S) \cdot \theta \geq 0$. Deswegen ist x^S ein nicht negativer stationärer Punkt von $f_I(x)$. $\square$

10.2 Berechnung

10.2.1 Berechnung mittels eindimensionalen Parabel-Schnitten

Das Parabel-Schnitt-Verfahren (vgl. [Megiddo(1983)], Algorithmus 9) betrachtet für konstante y-Werte die Veränderung der Zielfunktionswerte mit x.

10.2.2 Berechnung mittels geometrischer Kreis-Methode

Die geometrische Kreis-Methode (vgl. [Elzinga and Hearn(1972)], Algorithmus 11) versucht immer einen größeren Kreis zu finden, der mehr Punkte enthält, bis alle Punkte enthalten sind.

Algorithmus 9 Parabel-Schnitt-Verfahren

Das Ziel ist die Minimierung der Zielfunktion

$$f(x,y) = \max_{i \in N}\{w_i((x - x_i)^2 + (y - y_i)^2)^{1/2}\}$$

Stattdessen kann auch die Funktion

$$f(x,y) = \max_{i \in N}\{w_i^2((x - x_i)^2 + (y - y_i)^2)\}$$

minimiert werden, denn diese nimmt ihr Minimum an der gleichen Stelle an. Diese Funktion ist konvex.

Dazu ist es zunächst erforderlich, die Funktion

$$g(y) = \min_x f(x,y)$$

auswerten zu können. Dies entspricht der Minimierung einer stückweise quadratischen Funktion in x, wenn y konstant vorgewählt ist. Die sich ergebende stückweise quadratische Funktion in x nennen wir $h(x)$:

$$h(x) := f(x,y_0) := \max_{i \in N}\{a_i x^2 + b_i x + c_i\}$$

Das Intervall in dem gesucht wird, ist zunächst gegeben. Wir werden nun so tun, als ob wir nicht das Maximum von n stückweise quadratischen Funktionen finden wollten, sondern das Maximum von n Zahlen. Dazu vergleichen wir die erste Parabel zunächst mit den folgenden Parabeln, wenn wir eine größere gefunden haben, speichern wir diese ab und vergleichen fortan mit dieser Parabel. Das geht solange gut, wie die Parabeln entweder strikt größer oder strikt kleiner als die gemerkte Parabel sind. Sollte dies nicht klar zu unterscheiden sein, müssen wir das Intervall updaten. Doch in welchem Teilintervall ist einerseits die Lösung zu suchen und der Vergleich eindeutig?

(Weiteres dazu im zweiten Teil des Algorithmus, Algorithmus 10.)

Algorithmus 10 Parabel-Schnitt-Verfahren, Teil 2

Lasse dazu

$$S = \{i : a_i x^2 + b_i x + c_i = h(x)\}$$

sein, respektive

$$h'_+(x) = \max\{2a_i x + b_i : i \in S\}$$

und

$$h'_-(x) = \min\{2a_i x + b_i : i \in S\}$$

Wenn nun $h'_+(x) < 0$, dann $x < x_0$. Wenn $h'_-(x) > 0$, dann $x > x_0$. Andernfalls $h'_-(x) \le 0 \le h'_+(x)$, dann $x = x_0$.

Wenn nun also das Intervall, welches x_0 enthält, $[e', e'']$ ist, berechnen wir den Schnitt beider Parabeln, welches maximal zwei Lösungen $e' \le e_1 \le e_2 \le e''$ hat.

Wir werten nun $h'_+(x)$ und $h'_-(x)$ an den Stellen e_1 und e_2 aus und wissen nun, in welchem Intervall $[e', e_1], [e_1, e_2], [e_2, e'']$ sich die Lösung befindet. Außerdem ist in diesem Intervall wieder der Vergleich der Parabeln eindeutig. Wir können uns also wieder die größere Parabel in diesem Intervall merken. Wir fahren mit unserem Vergleich der Parabeln fort.

Auf diese Weise können wir die Lösung in $O(n^2)$ einschachteln.

Die Lösung des ursprünglichen Problems ist nun

$$\min_{x,y} f(x,y) = \min_y f(x(y), y) = \min_y g(y)$$

Diese Zielfunktion, die nun also noch von einer einzigen Variable abhängt, ist auch konvex. Eindimensionale konvexe Optimierungsverfahren, wie der Algorithmus von Dekker (Algorithmus 4), führen nun also zum Ziel.

Algorithmus 11 geometrische Kreis-Methode

---

1. Wähle zwei beliebige Punkte und gehe zu Schritt 2.

2. Lasse die zwei Punkte den Durchmesser eines Kreises definieren.
   Wenn der Kreis alle Punkte überdeckt, dann Stop.
   Andernfalls suche einen Punkt außerhalb des Kreises und die zwei definierenden Punkte und gehe nach Schritt 3.

3. Wenn die drei Punkte ein rechtwinkliges oder ein stumpfwinkliges Dreieck definieren, lösche den Punkt bei dem Winkel $\geq 90°$ und gehe nach Schritt 2 mit den übriggebliebenen zwei Punkten.
   Andernfalls, wenn das Dreieck drei spitze Winkel hat, gehe nach Schritt 4.

4. Wenn der Kreis definiert durch die drei Punkte alle anderen Punkte überdeckt, Stop.
   Andernfalls wähle irgendeinen Punkt außerhalb des Kreises und nenne ihn D.
   Benenne als A den Punkt von den drei definierenden Punkten, der am weitesten von D entfernt ist.
   Verlängere den Durchmesser des Kreises durch den Punkt A um die Ebene in zwei Halbebenen zu teilen.
   Benenne als B den definierenden Punkt, der in der gleichen Halbebene wie D liegt und als C den verbleibenden Punkt.
   Mit den Punkten A, C, D gehe zu Schritt 3.

Da es sich um eine geometrische Methode handelt, löst dies natürlch nur das Problem, wenn alle Gewichte =1 sind.

10.2.3 Berechnung mittels Simplex-Verfahren

Die auftretenden Optimierungsprobleme für die Single-Facility-Probleme sind konvex[4]. Daher konvergieren sog. konvexe Optimierungsverfahren auch strikt gegen das globale Optimum. Allerdings ist das MinSum-Problem als solches differenzierbar. Das MinMax-Problem ist nicht als Ganzes differenzierbar. Beide sind sicherlich aber in jedem Punkt stetig.

Das Simplex-Verfahren startet mit einem sog. Simplex, im zweidimensionalen ein Dreieck, welches mehrfach an seinen eigenen Seiten gespiegelt wird, um neue Punkte zu erzeugen. Außerdem wird das Dreieck kontrahiert und expandiert. Die Ausführung dieser Schritte hängt

---

[4]Die Optimierungsprobleme haben die Form $f(x,y) = \sum_i w_i d_i(x,y)$, bzw. $g(x,y) = \max_i\{w_i d_i(x,y)\}$. Da dies Summen-, bzw. Maximums-Bildung von Funktionen $w_i d_i(x,y)$ sind, ist nur noch zu zeigen, dass $d_i(x,y) = \sqrt{(x-x_i)^2 + (y-y_i)^2}$ konvex ist. Dies ist aber der Fall, weil es sich um die Summe von zwei konvexen, quadratischen Termen $(x-x_i)^2 + (y-y_i)^2$ handelt, gegebenenfalls verschoben um Konstanten, wodurch sie aber konvex bleiben. Auf das Ergebnis wird nun nur noch die Wurzel angewendet, eine monoton steigende Funktion. Dabei bleibt das Ergebnis konvex.

Algorithmus 12 Simplex-Verfahren

---

1. wähle affin unabhängige Punkte $x^1, ..., x^{n+1}$

2. bestimme Funktionswerte $f(x^1), ..., f(x^{n+1})$ und sortiere die x^i so, dass $f(x^1) \leq f(x^2) \leq ... \leq f(x^{n+1})$

3. wähle feste Zahlen $\alpha > 0$, $\beta > \max\{1, \alpha\}$, $\gamma \in (0, 1)$

4. Setze $c := \frac{1}{n} \sum_{i=1}^{n} x^i$

5. Setze $x^r := c + \alpha \cdot (c - x^{n+1})$

6. Falls $f(x^1) \leq f(x^r) \leq f(x^n)$,
   ersetze x^{n+1} durch x^r und sortiere die x^i so, dass $f(x^1) \leq f(x^2) \leq ... \leq f(x^{n+1})$

7. Falls $f(x^r) < f(x^1)$,
   setze $x^e := c + \beta(x^r - c)$,
   falls $f(x^e) < f(x^r)$, ersetze x^r durch x^e
   ersetze x^{n+1} durch x^r und sortiere die x^i so, dass $f(x^1) \leq f(x^2) \leq ... \leq f(x^{n+1})$

8. Falls $f(x^r) > f(x^n)$,
   setze $x^c := \left\{ \begin{array}{ll} c + \gamma(x^{n+1} - c) & f(x^r) \geq f(x^{n+1}) \\ c + \gamma(x^r - c) & f(x^r) < f(x^{n+1}) \end{array} \right\}$
   falls $f(x^c) < \min\{f(x^{n+1}), f(x^r)\}$, ersetze x^{n+1} durch x^c
   andernfalls $x^i := \frac{1}{2}(x^1 + x^i)$
   sortiere die x^i so, dass $f(x^1) \leq f(x^2) \leq ... \leq f(x^{n+1})$

9. gehe zu 4. und iteriere

---

von den Funktionswerten an den Eckpunkten ab. (vgl. [Jarre and Stoer(2004)], Algorithmus 12)

11 Die Two-Facility-Lösung beim MinMax-Problem

11.1 Eigenschaften

11.1.1 Kombinatorische Schranken für die Anzahl der Optimallösungen

Die Darstellung orientiert sich an [Jaromczyk and Kowaluk(1999)]:

Definition 18. Sei S eine Menge von n Punkten. Wir sagen, dass ein Paar $(D^*, \bar{D}^*)$ von zwei abgeschlossenen Scheiben optimal für S ist, wenn S in der Vereinigung $D^* \cup \bar{D}^*$ enthalten ist, und wenn D^*, die nicht-kleinere der beiden Scheiben minimal ist für alle Paare $(D^*, \bar{D}^*)$, deren Vereinigung S enthält. D^* wird eine optimale Scheibe genannt. $\bar{D}^*$ enthält $p \in S \backslash D^*$ und wird komplementäre Scheibe genannt.

Fakt 19. *Jede Scheibe in einem optimalen Paar, wird von einem Paar von Punkten eindeutig bestimmt, oder von drei von ihnen.*

Fakt 20. *Es existieren bestimmende Punkte p_1, p_2, p_3 für D^*, die nicht zum Inneren von $\bar{D}^*$ gehören.*

Fakt 21. *Es existieren bestimmende Punkte auf dem Kreis einer optimalen Scheibe, so dass das Dreieck $\Delta p_1 p_2 p_3$ spitzwinklig ist.*

Definition 22. $\gamma(S) = |\{(D, \bar{D}) : D \text{ optimale Scheibe}, \bar{D} \text{ komplementäre Scheibe}\}|$

Definition 23. $\gamma(n) = \max_{S:|S|=n} \gamma(S)$

Definition 24. Sei l eine Linie, die durch die Mittelpunkte von einer optimalen Scheibe und ihrer zugehörigen komplementären Scheibe führt. Die Distanz eines Punktes p auf einer dieser Kreise zu dem anderen Kreis ist definiert als die Projektion von p auf l bis zum Mittelpunkt der anderen Scheibe.

Bemerkung 25. Nehmen wir einmal an, p definiert mindestens drei optimale Scheiben D_1, D_2, D_3, die zusätzlich zu p noch durch r_i und l_i definiert werden. Es wird angenommen (O.b.d.A), dass p von den definierenden Punkten der optimalen Scheiben jeweils der nächste zu der entsprechenden minimalen komplementären Scheibe ist. Die Benennung erfolgt so, dass r_i direkt l_i vorangeht. Außerdem ist D_2 zwischen D_1 und D_3, rotiert gegen den Uhrzeigersinn um p. Wenn D_i durch zwei Punkte definiert wird, dann $l_i = r_i$.

Lemma 26. *r_1 und l_3 gehören nicht zu D_2.*

Beweis. Bemerke die Organisation von D_1, D_2, D_3 gegen den Uhrzeigersinn. $\qquad \square$

Lemma 27. *Der Winkel $r_1 p l_3$ ist größer als π. Winkel werden gegen den Uhrzeigersinn gemessen.*

Beweis. (Siehe dazu auch Abbildung 2) Die Diagonale von D_2, die durch p geht, ist zwischen $p r_1$ und $p l_3$. Nehmen wir einmal an, der Winkel $r_1 p l_3$ ist nicht größer als π. Dann schneidet $r_1 l_3$ D_2 und ebenfalls die Diagonale von D_2. Weil $\bar{D}_2$ r_1 und l_3 enthält und nicht p, ist die andere Hälfte der Diagonale von D_2, die bei p beginnt, in $\bar{D}_2$ enthalten. Deswegen, wird D_2 von drei Punkten definiert (kann nicht von zwei Punkten definiert werden, weil das andere Ende

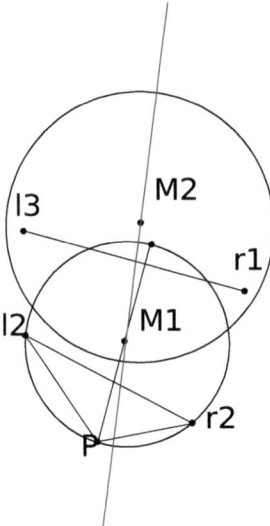

Abbildung 2: Skizze zum Beweis-Widerspruch

der Diagonale innerhalb $\bar{D}_2$ liegt). Deswegen ist $r_2 \neq l_2$ und r_2 und l_2 liegen auf gegenüberliegenden Halbkreisen, die durch die Diagonale von D_2 definiert werden, die durch p geht. Aber einer von diesen beiden Punkten ist näher an $\bar{D}_2$ als p. Ein Widerspruch. $\qquad\square$

Lemma 28. *Der Winkel $r_1 p r_3$ ist größer als $\pi/2$.*

Beweis. Der Winkel $r_1 p l_3$ ist nach Lemma 27 größer als π. Weil p, r_3, l_3 eine optimale Scheibe D_3 definieren, ist das Dreieck, definiert durch diese drei Punkte, spitzwinklig, und insbesondere der Winkel $r_3 p l_3$ kleiner als $\pi/2$. Daher ist $r_1 p r_3$ größer als $\pi/2$. $\qquad\square$

Theorem 29. $\gamma(n) \leq 8n$

Beweis. Wegen Lemma 28 ist der Winkel $r_i p r_{i+2}$ für jedes Paar von Scheiben mindestens $\pi/2$. Deswegen gibt es höchstens 8 solche Scheiben um p herum. Die Abschätzung folgt. $\qquad\square$

12 Der MinMax-Algorithmus

12.1 Idee des MinMax-Algorithmus

Genauso wie im MinSum-Algorithmus (siehe Abschnitt 9.1), werden alle Partitionen gebildet. Die Onecenter-Probleme für alle infrage kommenden Optimalpartitionen N_1 und N_2 mit Optimalwerten F_1^* und F_2^* (Siehe Theorem 3) müssen gelöst werden und ihre Zielfunktionswerte $\max\{F_1^*, F_2^*\}$ prinzipiell verglichen werden. Doch auf welche Weise führe ich diesen Vergleich möglichst effizient durch? Es fällt zunächst auf, dass sich die Rückgabewerte F_1^* und F_2^* für die Onecenter-Probleme N_1 und N_2 eigentlich nur sehr selten ändern. Eine Aussage darüber machen die Lemmata 9 und 10: Entweder ein Punkt aus der sog. „bindenden Teilmenge" $B_{1/2}$ wird aus $N_{1/2}$ entfernt, oder es wird ein Punkt zu $N_{1/2}$ hinzugefügt, dessen gewichtete Distanz zum Zentrum $(x_{1/2}^*, y_{1/2}^*)$ größer ist als der bisherige Zielfunktionswert. Nur in diesen Fällen muss also tatsächlich neu gerechnet werden für das entsprechende Onecenter-Problem. In allen anderen Fällen können die „gepufferten" Werte aus den temporären Variablen F_1^* und F_2^* verwendet werden. Eine beachtliche Ersparnis.

Nun generieren wir alle Partitionen nach der Theta-Prozedur (siehe 6.2) und aktualisieren F^* immer dann, wenn ein besserer Wert gefunden wurde. Dabei passieren Neuberechnungen, nur wenn erforderlich.

Der MinMax-Algorithmus (exakt gemäß Listing in [Drezner(1984a)]) wird in Algorithmus 13 gegeben.

12.2 Der MinMax-Algorithmus 2

Der MinMax-Algorithmus gliedert sich in Vorbereitung (Schritte 1-3), Solver (Schritt 4), Updateschritt (Schritt 5) und Theta-Prozedur mit Resolve der Probleme und Transfer zwischen den Partitionen (Schritte 6-16). Nach der Vorbereitung der Partitionen (Schritte 1-3), wird das Problem zunächst für beide Partitionen gelöst. Es erfolgt ein Update-Schritt, wenn erforderlich (Schritt 5). Anschließend erfolgt die Theta-Prozedur (Abschnitt 6.2) mit optionalen Resolves der Probleme, gemäß obenstehenden Lemmata (Abschnitt 10) und den entsprechenden Verschiebungen zwischen den Partitionen. Danach geht es wieder zum Update-Schritt (Schritt 5). Update-Schritt und Theta-Prozedur (inklusive notwendiger Resolves der Probleme und Verschiebungen zwischen den Partitionen) wechseln sich so lange ab, bis alle Partitionen für das momentane Pivot durch sind.

Dann geht es wieder zu Schritt 2, und es werden in der Vorbereitung wieder neue Partitionen aufgebaut. Mit diesen Partitionen geht es wieder bei Solver (4), Update (5) und Theta

---

Algorithmus 13 Der MinMax-Algorithmus

---

1. Setze F^* auf eine sehr große Zahl. Setze das Pivot $p = 1$.

2. Berechne alle Winkel zur positiven x-Achse, die durch Strahlen durch das Pivot p entstehen, welche durch sämtliche andere Punkte führen. Sortiere alle diese Winkel in nicht abfallender Reihenfolge.

3. Weise alle Orte, für die $0 \leq \theta_i \leq \pi$ und das Pivot p der Menge N_1 zu, und alle Orte, für die $\theta_i > \pi$ gilt, der Menge N_2 zu. Setze $(i_1) = 1$ und (i_2) als den Orts-Index, der dem niedrigsten Winkel entspricht, welcher größer ist als π.

4. Für die Single-Facility-Probleme, die N_1 und N_2 zugeordnet sind, kalkuliere die optimalen Zielfunktionswerte F_1^* und F_2^*. Berechne die zugehörigen optimalen Orte (x_1^*, y_1^*) und (x_2^*, y_2^*), sowie die zugehörigen Bindungsmengen B_1 und B_2.

5. Wenn $\max\{F_1^*, F_2^*\} < F^*$, aktualisiere F^*.

6. Finde $\bar{\theta}_1, \bar{\theta}_2$ wie in der Theta-Prozedur 6.2 beschrieben.

7. Wenn $\bar{\theta}_1 > \bar{\theta}_2 - \pi$ dann gehe zu Schritt 13.

8. Wenn $\bar{\theta}_1 > \pi$, setze $p = p + 1$. Wenn $p = n + 1$, Stop. Andernfalls gehe zu Schritt 2.

9. Transferiere den Ort i_1 von N_1 zu N_2. Setze $(i_1) = (i_1) + 1$.

10. wenn $w_{i_1} d_{i_1}(x_2^*, y_2^*) > F_2^*$, dann löse Problem N_2 neu.

11. wenn $i_1 \in B_1$, dann löse Problem N_1 neu.

12. Gehe zu Schritt 5.

13. Transferiere den Ort i_2 von N_2 zu N_1. Setze $(i_2) = (i_2) + 1$.

14. wenn $w_{i_2} d_{i_2}(x_1^*, y_1^*) > F_1^*$, dann löse Problem N_1 neu.

15. wenn $i_2 \in B_2$, dann löse Problem N_2 neu.

16. Gehe zu Schritt 5.

Prozedur (6-16) weiter. Wieder wird die Theta-Prozedur mit optionalen Resolves der Probleme und notwendigen Verschiebungen so lange mit dem Update-Schritt (5) abgewechselt, bis alle Partitionen für das momentane Pivot durch sind. Dann geht es wieder zu Schritt 2, usw..

Die entsprechenden Ein-Zentren-Probleme müssen nur dann neu gelöst werden, wenn sich ihre Lösung verändert hat. Dafür gibt es zwei Möglichkeiten: Ein Punkt aus der „bindenden Teilmenge" wird entfernt; oder ein Punkt wird hinzugefügt, dessen gewichtete Distanz zum Zentrum größer ist als der momentane Zielfunktionswert. Dies ergibt sich unmittelbar aus den obenstehenden Lemmata. Dadurch lässt sich der Algorithmus wesentlich beschleunigen. Der Rest ist „straight forward" und analog zu Abschnitt 9.2.

12.3 Abwandlung des MinMax-Algorithmus für gleichgroße Partitionen

In der Abwandlung des MinMax-Algorithmus (Algorithmus 14) sollen nun nur noch Partitionen betrachtet werden, für die sich die Größe der beiden Partitionen um maximal 1 unterscheidet. Die Theta-Prozedur (Abschnitt 6.2) garantiert, dass wirklich alle Partitionen betrachtet werden, die als Optimalpartitionen infrage kommen (alle, die sich durch eine gerade Linie trennen lassen, Beweis siehe 3). Es ist nun erforderlich, alle Partitionen, die die geforderte Eigenschaft nicht aufweisen ($||N_1| - |N_2|| \geq 1$), zu überspringen. Die Betrachtung meint hierbei den Vergleich sämtlicher Zielfunktionswerte der infrage kommenden Kandidaten für Optimalpartitionen.

Die Erklärung der einzelnen Modifikationen erfolgt anschließend. Die Modifikationen sind doppelt unterstrichen in Algorithmus 14.

4.   Überspringen von ungültigen Partitionierungen.

5.   Berechne anhand der Flag-Variable r_1 den Zielfunktionswert F_1^* für N_1 nur, wenn sich dieser geändert hat und wir uns gleichzeitig in einer gültigen Partitionierung befinden. Setze bei Neuberechnung das Flag r_1 zurück.

6.   Berechne anhand der Flag-Variable r_2 den Zielfunktionswert F_2^* für N_2 nur, wenn sich dieser geändert hat und wir uns gleichzeitig in einer gültigen Partitionierung befinden. Setze bei Neuberechnung das Flag r_2 zurück.

7.   Aktualisiere den Zielfunktionswert F^* nur, wenn wir uns in einer gültigen Partitionierung befinden, denn nur dann sind die Werte F_1^* und F_2^* einerseits vorhanden und andererseits gültig.

12.   Stelle Veränderung von Problem N_2 fest (Lemma 10). Setze die Flag-Variable r_2.

13.   Stelle Veränderung von Problem N_1 fest (Lemma 9). Setze die Flag-Variable r_1.

16.   Stelle Veränderung von Problem N_1 fest (Lemma 10). Setze die Flag-Variable r_1.

17.   Stelle Veränderung von Problem N_2 fest (Lemma 9). Setze die Flag-Variable r_2.

13 Implementierung

13.1 Verwaltung der Partitionen

Beide Partitionen sind angeordnete Mengen. Die Anordnung muss abgebildet werden und es muss möglich sein, ein erstes Element zu entfernen und ein letztes Element hinzuzufügen. Dies sind die Standard-Schlangen-Operationen. Die Anordnung innerhalb der Liste erhält sich auch bei den Schlangen-Operationen. Denn die Listenelemente haben je einen Pointer zum Vorläufer und Nachfolger, welches die Anordnung der Nachbarn regelt. Dies ist transitiv. Beim Entnehmen des ersten Objektes haben wir einen Pointer auf das erste Element der doppelt verketteten Liste, können dieses verschieben und den Startpointer auf das nächste Objekt setzen. Die Verbindungen aller sonstigen Listenelemente bleiben erhalten, die Ordung bleibt somit transitiv. Beim Anhängen eines Listenelementes haben wir einen Zeiger auf das letzte Objekt der Liste. Das bisher letzte Objekt lassen wir nun auf das neue Objekt zeigen. Dadurch haben wir einen Nachfolger definiert. Der Endpointer wird auf das neue letzte Objekt verschoben. Da das neue letzte Objekt allerdings aus der nachfolgenden Partition stammt (die Partitionen haben eine zyklische Reihenfolge), bleibt die Ordnung in der aktuellen Partition erhalten.

Insbesondere ist die zyklische Reihenfolge der Objekte in den beiden Schlangen invariant, wenn man das letzte Element von Schlange 1 als Vorgänger des ersten Elements von Schlange 2 sieht und das letzte Element von Schlange 2 wieder als Vorgänger des ersten Elements von Schlange 1. Denn laut obiger Argumentation bleiben die Anordnungen in den Schlangen erhalten.

13.2 Verwendete Optimierungsalgorithmen, verwendete Startpunkte

Die verwendeten Optimierungsverfahren sind der Brent-Solver (für die eindimensionale FD-Abschätzung) und der Powell-Optimizer (für die differenzierbaren Onecenter-Probleme) und das Simplex-Verfahren (für die zwar stetigen, aber nicht differenzierbaren Onecenter-Probleme).

Algorithmus 14 Die Abwandlung des MinMax-Algorithmus

---

1. Setze F^* auf eine sehr große Zahl. Setze das Pivot $p = 1$.

2. Berechne alle Winkel zur positiven x-Achse, die durch Strahlen durch das Pivot p entstehen, welche durch sämtliche andere Punkte führen. Sortiere alle diese Winkel in nicht abfallender Reihenfolge.

3. Weise alle Orte, für die $0 \leq \theta_i \leq \pi$ und das Pivot p der Menge N_1 zu, und alle Orte, für die $\theta_i > \pi$ gilt, der Menge N_2 zu. Setze $(i_1) = 1$ und (i_2) als den Orts-Index, der dem niedrigsten Winkel entspricht, welcher größer ist als π.

4. Wenn $||N_1| - |N_2|| > 1$, gehe zu Schritt 8.

5. Wenn $r_1 = 1$, kalkuliere für die Single-Facility-Probleme, die N_1 zugeordnet sind, die optimalen Zielfunktionswerte F_1^*. Berechne die zugehörigen optimalen Orte (x_1^*, y_1^*), sowie die zugehörigen Bindungsmengen B_1. Setze $r_1 := 0$.

6. Wenn $r_2 = 1$, kalkuliere für die Single-Facility-Probleme, die N_2 zugeordnet sind, die optimalen Zielfunktionswerte F_2^*. Berechne die zugehörigen optimalen Orte (x_2^*, y_2^*), sowie die zugehörigen Bindungsmengen B_2. Setze $r_2 := 0$.

7. Wenn $||N_1| - |N_2|| \leq 1 \wedge \max\{F_1^*, F_2^*\} < F^*$, aktualisiere F^*.

8. Finde $\bar{\theta}_1, \bar{\theta}_2$ wie in der Theta-Prozedur 6.2 beschrieben.

9. Wenn $\bar{\theta}_1 > \bar{\theta}_2 - \pi$ dann gehe zu Schritt 13.

10. Wenn $\bar{\theta}_1 > \pi$, setze $p = p + 1$. Wenn $p = n + 1$, Stop. Andernfalls gehe zu Schritt 2.

11. Transferiere den Ort i_1 von N_1 zu N_2. Setze $(i_1) = (i_1) + 1$.

12. wenn $w_{i_1} d_{i_1}(x_2^*, y_2^*) > F_2^*$, dann setze $r_2 := 1$

13. wenn $i_1 \in B_1$, dann setze $r_1 := 1$

14. Gehe zu Schritt 4.

15. Transferiere den Ort i_2 von N_2 zu N_1. Setze $(i_2) = (i_2) + 1$.

16. wenn $w_{i_2} d_{i_2}(x_1^*, y_1^*) > F_1^*$, dann setze $r_1 := 1$.

17. wenn $i_2 \in B_2$, dann setze $r_2 := 1$.

18. Gehe zu Schritt 4.

Als Implementierung für diese Verfahren wird die Open-Source Bibliothek „Apache Commons Math" herangezogen. (https://commons.apache.org/proper/commons-math/)

Die iterativen Optimierungsverfahren starten immer im Schwerpunkt der Menge (Gleichungen 13, 14). Aus praktischen Erwägungen ist dies eine gute Schätzung für den Optimalwert des entsprechenden Onecenter-Problems. Auf diese Weise werden möglichst wenige Iterationen des Optimierers benötigt.

13.3 Erweiterung zur Speicherung der Lösung

Der Zielfunktionswert wird immer bei Update-Schritt (9) aktualisiert. Der Update-Schritt bedeutet eine Aktualisierung der Variable F^*. Im gleichen Scope befinden sich auch $F^*_{1/2}$ und $(x^*_{1/2}, y^*_{1/2})$, welches sich bei jeder Aktualisierung der Probleme N_1 und N_2 ändert, nicht jedoch zwangsläufig eine Aktualisierung von F^* nach sich zieht. Bei einer Aktualisierung der Variable $F^* = F_1 + F_2$ bzw. $F^* = \max\{F^*_1, F^*_2\}$ müssen nun die jeweils aktuell gepufferten Problem-Rückgabewerte $F^*_{1/2}$ nicht nur zu einer Aktualisierung der Variable F^* herangezogen werden, sondern es soll auch gespeichert werden für welche Werte von $(x^*_{1/2}, y^*_{1/2})$ und N_1 und N_2 diese Werte von $F^*_{1/2}$ zustande gekommen sind, damit man später sehen kann, wie sich die Lösung zusammengesetzt hat.

Daher passiert bei jeder Aktualisierung von $F^* = F_1 + F_2$ bzw. $F^* = \max\{F^*_1, F^*_2\}$ eine Zuweisung $N^*_1 := N_1$, $N^*_2 := N_2$ bzw. $(x^{**}_{1/2}, y^{**}_{1/2}) := (x^*_{1/2}, y^*_{1/2})$.

13.4 Überprüfung der Lemmata auf Änderung der MinMax-Lösungen

Die Transfers, die zwischen den Partitionen stattfinden, sind $N_2[i_{Ende}] \leftarrow N_1[i_{Anfang}]$, bzw. $N_1[i_{Ende}] \leftarrow N_2[i_{Anfang}]$. Wenden wir uns zunächst dem Transfer $N_2[i_{Ende}] \leftarrow N_1[i_{Anfang}]$ zu: Der transferierte Datenpunkt $X_i = N_2[i_{Ende}]$ (nach Abschluss des Transfers zwischen den beiden Partitionen), muss auf Erfüllung der Lemmata 10 und 9 überprüft werden.

Das mathematisch exakte Kriterium lautet für: Ein Punkt aus der Bindenden Teilmenge wurde entfernt, Neuberechnung erforderlich für $F(N_1)$:

$$d_i(C_1) = r_1 \tag{30}$$

Das mathematisch exakte Kriterium lautet für: Ein Punkt wurde hinzugefügt, dessen Distanz zum Zentrum größer ist als der momentane Zielfunktionswert, Neuberechnung erforderlich für $F(N_2)$:

$$d_i(C_2) > r_2 \tag{31}$$

Da man diese Bedingungen mehr oder weniger schlecht exakt überprüfen kann, wenn man mit ungefähren Werten aus den Zentren-Bestimmungen arbeitet, möchte man lieber häufiger neu berechnen, als eine Neuberechnung zu verpassen. Denn nur das würde das Ergebnis verfälschen. Daher lauten die inexakten Bedingungen mit einem klein zu wählenden Wert ε:

$$|d_i(C_1) - r_1| < \varepsilon \tag{32}$$

bzw.

$$d_i(C_2) > r_2 - \varepsilon \tag{33}$$

Eingesetzt würde dies nun heißen (Neuberechnung $F(N_1)$):

$$|\,||N_2[i_{Ende}] - C_1||_2 - r_1| < \varepsilon \tag{34}$$

bzw. (Neuberechnung $F(N_2)$)

$$||N_2[i_{Ende}] - C_2||_2 > r_2 - \varepsilon \tag{35}$$

Der Transfer $N_1[i_{Ende}] \leftarrow N_2[i_{Anfang}]$ verläuft analog.

14 Bedienung der Java-Applikation

Es ist nun möglich, durch Klick auf die Eingabefläche ständig Punkte hinzuzufügen, die das Ergebnis verändern. Das Ergebnis wird ständig aktualisiert.

clear	Löscht alle Punkte, die sich momentan auf der Eingabefläche befinden.
random	Erzeugt so viele zufällige Punkte auf der Eingabefläche, wie die Zahl im Eingabefeld angibt.
Eingabefeld	Gibt an, wie viele zufällige Punkte auf der Eingabefläche beim Klick auf Random erzeugt werden.
sum	Wählt für die Optimierung das MinSum-Problem aus (Minimale Abstands-Summe).
circles	Wählt für die Optimierung das MinMax-Problem aus (Minimale Kreisabdeckung).

all	Betrachtet bei der Optimierung alle infrage kommenden Partitionen.
equal	Betrachtet bei der Optimierung nur solche Partitionen, deren Mächtigkeit sich maximal um eins unterscheidet.
ret	Zeigt den minimalen Rückgabewert der Zielfunktion an, der sich bei der Optimierung ergibt.
num	Gibt die Anzahl der Punkte auf der Eingabefläche an.
Klick	Fügt zu jedem Zeitpunkt einen Punkt zur Eingabefläche hinzu.
roter Kasten	Die gefundenen zwei Zentren aus der Optimierung, für die die Zielfunktion minimal wird.
schwarzer Kasten	Das Pivot, aus dem sich die Optimalpartition ergibt.
blauer Punkt	Nachfragepunkt für Waren aus der ersten Optimalpartition.
schwarzer Punkt	Nachfragepunkt für Waren aus der zweiten Optimalpartition.

15 Evaluation

Hier die Ausgabe der von mir erstellten Beispielanwendung. Die Orte sind entweder blaue Kreise (Gruppe 1) oder schwarze Kreise (Gruppe 2). Das Pivot ist ein schwarzer Kasten. Die Zentren sind rote Kästen. Vom Pivot gehen zwei Linien zum jeweils ersten Ort der Gruppen aus, sortiert im Uhrzeigersinn. Hiermit kann zu Debug-Zwecken die Datenstruktur überprüft werden.

15.1 zufälliges Twocenter

Auf der nächsten Abbildung (3) sehen wir eine typische Clusterung der Nachfragepunkte zu zwei Lieferantenzentren. Dieses Beispiel ist zufällig.

15.2 vier kollineare Punkte

Beachte dieses Beispiel (Abb. 4) mit vier nahezu kollinear angeordneten Punkten. Völlig richtig wird hier als Zentrum der erste Punkt und der dritte Punkt ausgewählt.

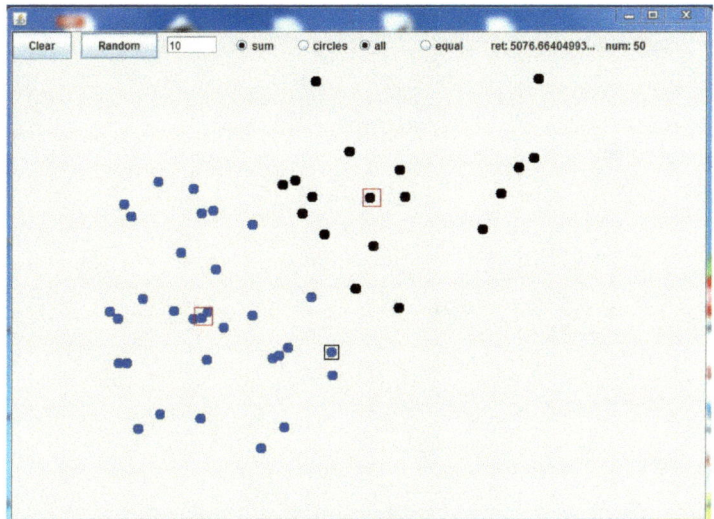

Abbildung 3: zufälliges Twocenter

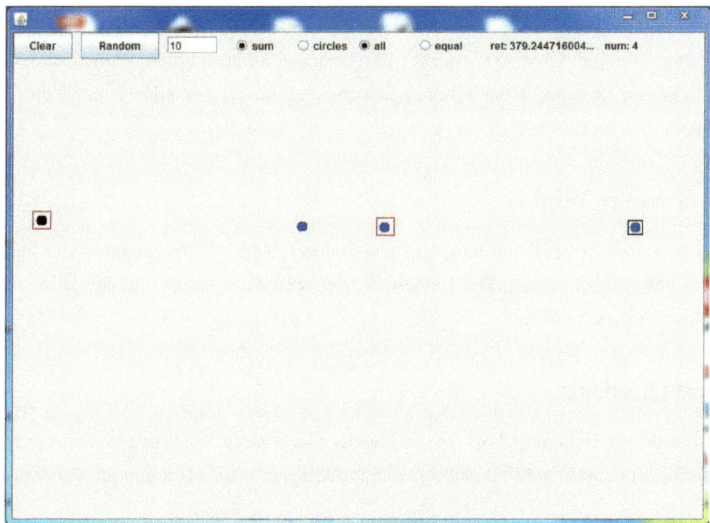

Abbildung 4: vier kollineare Punkte

45

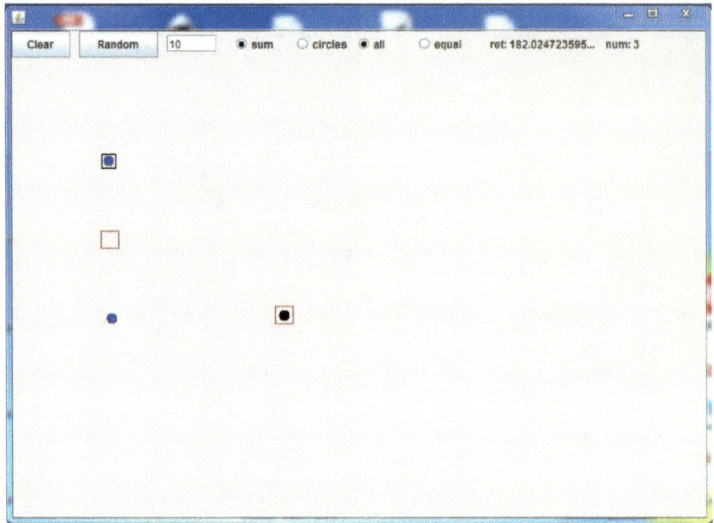

Abbildung 5: ein rechter Winkel

15.3 ein rechter Winkel

Beachte dieses Beispiel (Abb. 5) von drei Punkten, die einen rechten Winkel bilden. Völlig richtig ist das erste Zentrum in der Mitte zwischen zwei Punkten und das zweite Zentrum beim dritten Punkt.

15.4 zwei rechte Winkel

Man beachte dieses Beispiel (Abb. 6) mit jeweils drei Punkten, die jeweils zwei gegenüberliegende rechte Winkel bilden. Die beiden Cluster werden erkannt und die beiden Cluster-Mittelpunkte sind auch richtig.

15.5 zwei Quadrate

Man beachte dieses Beispiel (Abb. 7) wo jeweils vier Punkte zwei gegenüberliegende Quadrate bilden. Die Cluster werden richtig erkannt und auch die Mittelpunkte der Cluster sind richtig.

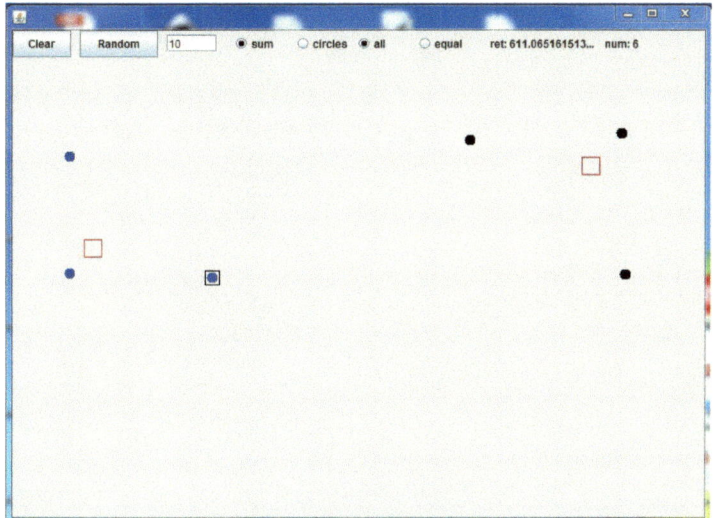

Abbildung 6: zwei rechte Winkel

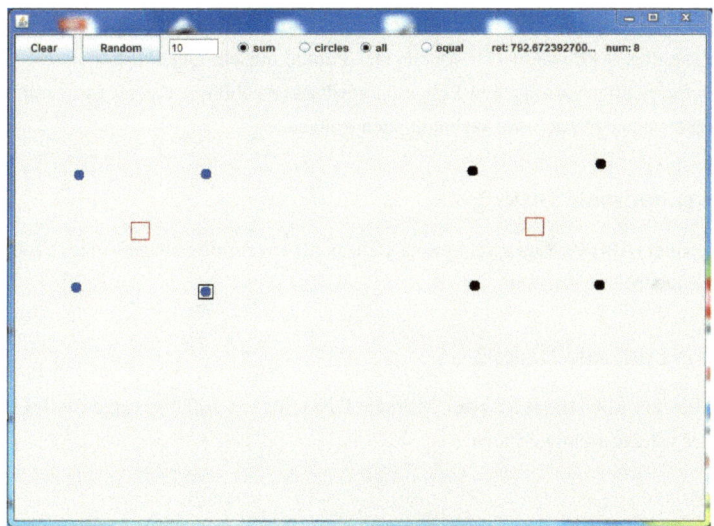

Abbildung 7: zwei Quadrate

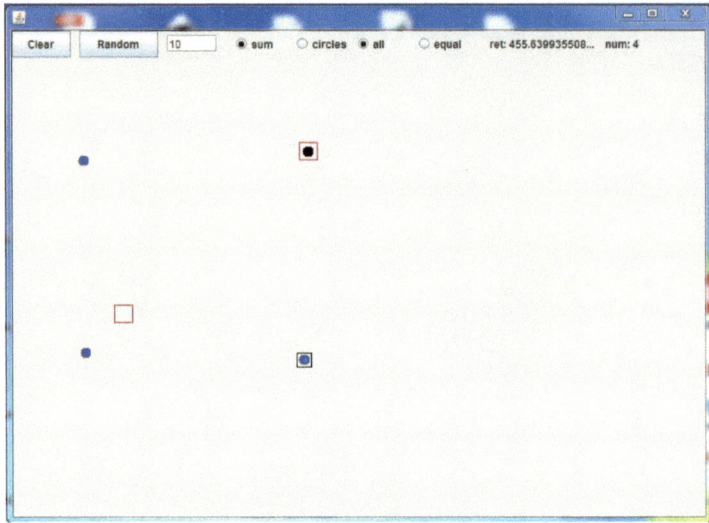

Abbildung 8: ein Quadrat

15.6 ein Quadrat

Man beachte dieses Beispiel (Abb. 8), wo vier Punkte nur ein Quadrat bilden. Dies ist auch analytisch die richtige Lösung: Ein Eckpunkt wird ausgewählt und das zweite Zentrum bildet das Lieferantenzentrum der drei verbleibenden Punkte.

15.7 zwei optimale Disks 1

Dieses Beispiel (Abb. 9) zeigt zwei optimale Disks für ein zufällig ausgewähltes Problem. Die Cluster werden richtig erkannt.

15.8 zwei optimale Disks 2

Dieses Beispiel (Abb. 10) zeigt zwei optimale Disks für ein zufällig ausgewähltes Problem. Die Cluster werden richtig erkannt.

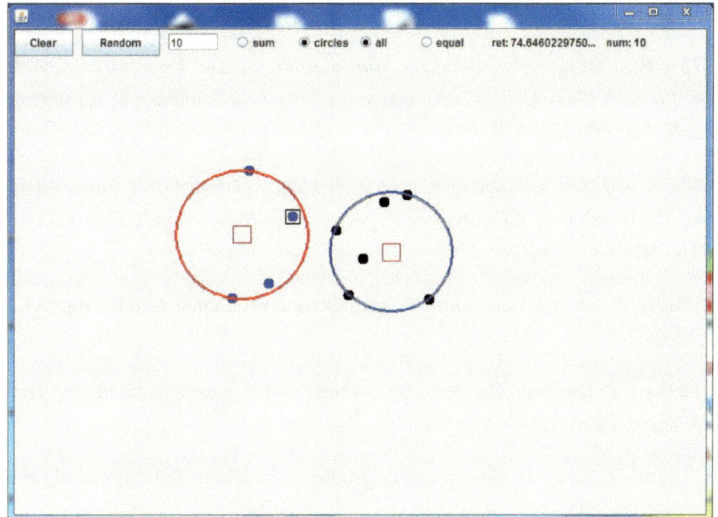

Abbildung 9: zufällige zwei Disks 1

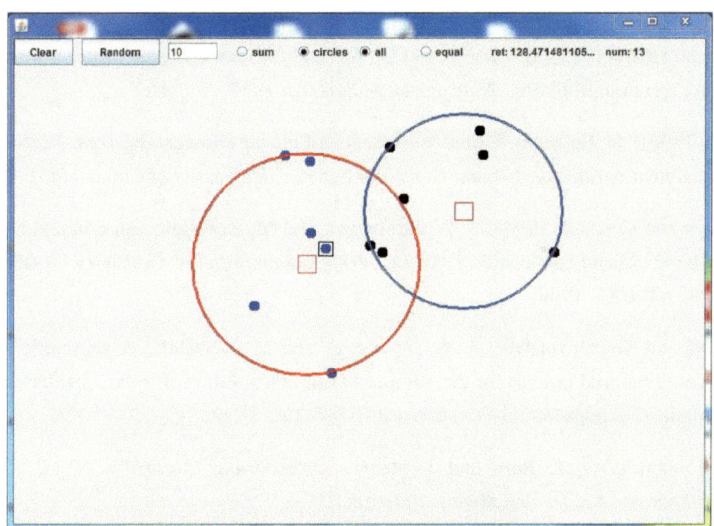

Abbildung 10: zufällige zwei Disks 2

Literatur

[Brent(1973)] R. P. Brent. *Algorithms for Minimization without Derivatives, Chapter 5: An Algorithm with Guaranteed Convergence for Finding a Minimum of a Function of one Variable.* NJ: Prentice-Hall, 1973.

[Dekker(1969)] T. J. Dekker. Finding a zero by means of successive linear interpolation. *Dejon, B.; Henrici, P., Constructive Aspects of the Fundamental Theorem of Algebra,* London: Wiley-Interscience, 1969.

[Drezner(1982)] Z. Drezner. On minimax optimization problems. *Math. Program,* 22:227–230, 1982.

[Drezner(1984a)] Z. Drezner. The planar two-center and two-median problems. *Transportation Science,* 18(4):351–361, 1984a.

[Drezner(1984b)] Z. Drezner. The p-center problem - heuristic and optimal algorithms. *J. Opnl. Res. Soc.,* 35:741–748, 1984b.

[Drezner and Wesolowsky(1980)] Z. Drezner and G. O. Wesolowsky. Single facility l_p distance minimax location. *SIAM J. Algebr. Discr. Meth.,* 1:315–321, 1980.

[Elzinga and Hearn(1972)] J. Elzinga and D. W. Hearn. Geometrical solutions for some minimax location problems. *Transportation Science,* 1972.

[Eppstein(1996)] D. Eppstein. Faster construction of planar two-centers. *Tech. Report 96-12: Department of Information and Computer Science, University of California,* 1996.

[Jaromczyk and Kowaluk(1994)] J. W. Jaromczyk and M. Kowaluk. An efficient algorithm for the euclidean two-center problem. *10th Computaltional Geometry 94-6/94 Stony Brook, NY, USA,* 1994.

[Jaromczyk and Kowaluk(1999)] J. W. Jaromczyk and M. Kowaluk. A geometric proof of the combinatorial bounds for the number of optimal solutions for the 2-center euclidean problem. *Computational Geometry,* 14(4):187–196, 1999.

[Jarre and Stoer(2004)] F. Jarre and J. Stoer. *Optimierung, Algorithm 17.1.2 (Simplex-Verfahren von Nelder und Mead).* Springer, 2004.

[Kommer(2008)] A. Kommer. *Differential Evolution: eine neue evolutionäre Optimierungs-methode.* VDM Verlag Dr. Müller, 2008. ISBN 9783836470988. URL https://books.google.de/books?id=pha5PAAACAAJ.

[Kumar and Yildrim(2009)] P. Kumar and E. A. Yildrim. An algorithm and a core set result for the weighted euclidean one-center problem. *INFORMS Journal on Computing*, 21 (4):614–629, 2009.

[Lloyd(1982)] S. P. Lloyd. Least square quantization in pcm. *IEEE Transactions on Information Theory, 2. Auflage*, 28:129–137, 1982.

[Megiddo(1983)] N. Megiddo. The weighted euclidean 1-center problem. *Mathematics of Operations Research*, 8(4), 1983.

[Powell(1964)] M. J. D. Powell. An efficient method for finding the minimum of a function of several variables without calculating derivatives. *The Computer Journal*, 7(2):155–162, 1964.

[Sharir(2006)] M. Sharir. A near linear problem algorithm for the planar 2-center problem. 2006.

[Weiszfeld(1937)] E. Weiszfeld. Sur le point pour lequel la somme des distances de n points donnes est minimum. *Tohoku Mathematical Journal*, 43:355–386, 1937.

BEI GRIN MACHT SICH IHR WISSEN BEZAHLT

- Wir veröffentlichen Ihre Hausarbeit, Bachelor- und Masterarbeit

- Ihr eigenes eBook und Buch - weltweit in allen wichtigen Shops

- Verdienen Sie an jedem Verkauf

Jetzt bei www.GRIN.com hochladen
und kostenlos publizieren